JN440017

하루 또 하루

오기환 산문집

하루 또 하루

초판 1쇄 인쇄 • 2019년 06월 12일
지은이 • 오기환
펴낸이 • 이승훈
펴낸곳 • 해드림출판사
주 소 • 서울 영등포구 경인로82길 3-4(문래동1가 39)
센터플러스빌딩 1004호(우편07371)
전 화 • 02-2612-5552
팩 스 • 02-2688-5568
E-mail • jlee5059@hanmail.net

등록번호 • 제2013-000076
등록일자 • 2008년 9월 29일

* 책값은 표지에 있습니다
* 잘못된 책은 바꿔드립니다

ISBN 979-11-5634-346-2

하루
또 하루

오기환 산문집

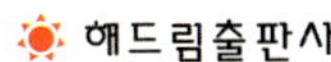

해드림출판사

책을 내면서

여권을 갱신하러 구청에 갔을 때 일이다. 담당 직원이 여권기한이 5년과 10년이 있는데 선택하라면서 5년은 금세 지나가니 10년이 좋을 것 같다고 했다. 순간 머릿속에서는 계산기가 돌아가고 있었다. '5년 후면 87살, 10년 후면 92살. 10년은 욕심'이지… 하면서도 10년을 선택하고 말았다.

우여곡절 끝에 미얀마의 거칠고 척박하지만, 생명의 시원을 만나고 온 신선한 느낌이 가시지 않는다. 마음 같아서는 여권기한이 만료될 때까지라도 아니, 다시 연장해서라도 여행을, 나의 길을 계속 걷고 싶다. 세상 여행, 글

여행도. 이런 일이 여의치 못하면 밖에서 안으로 걷는 여행을 계속할 작정이다. 이렇게 걸으면서 쓴 글들을 모아 또 한 권의 책을 만든다. 할아비가 쓰고 장손 태석이가 그린 작품을 쓰기로 했다. 이번이 두 번째다. 첫 번째는 희수 기념문집에서 태석이의 작품을 삽화로 썼었다.

우리는 조손祖孫을 떠난 특별한 관계인 것만 같다. 만약에 전생이 있다면 나는 소설 『젊은 베르테르의 슬픔』의 주인공인 베르테르고 태석이는 로테가 아닐까?

기해년 초여름

수필 쓰는 오기환

오기환 수필가는 제 할아버지십니다. 할머니는 길러주셨고 할아버지는 교육시켜주셨습니다. 그 힘으로 파리에 와서 미술을 공부하고 있습니다. 파리에 오래 머물면서 '끝없는 여행'을 계속하고 싶습니다. 두 분이 오래오래 버틸 수 있는 힘이 되어주시면 좋겠습니다.

할아버지 산문집에 제 작품이 쓰여서 기쁩니다. 축하드립니다.

그림 그리는 손자　오태석

2015년 겨울, 서울 AP 갤러리에서 '끝없는 여행의 시작'을 본지 벌써 5년.

파리에서의 성장이 보고 싶어 할아버지(오기환 선생)와 함께 손꼽아 기다렸죠.

시 쓰는 이생진

목차

1부 벽에 글 읽어주기

2부 밑줄 긋는 남자

3부 뒷모습

4부 비밀의 신화를 만나다

벽을 향하여 글을 읽는다. 안방 건넌방을 다니며. 나는 읽고 벽은 듣는다. 벽은 글 읽는 소리를 들어주는 유일한 친구다.

1부 · 벽에 글 읽어주기

벽에 글 읽어주기

벽을 향하여 글을 읽는다. 안방 건넌방을 다니며. 나는 읽고 벽은 듣는다. 벽은 글 읽는 소리를 들어주는 유일한 친구다.

요즘 모임도 거의 다 정리하고 지인들과 어울리는 시간을 줄이면서 혼자 지내고 있다. 올여름은 너무 뜨거워 외출을 자제하며 집안에서 지내는 시간을 늘리면서. 무료해질 때면 음악을 듣다가 누어서도 앉아서도 책을 읽는다. 눈이 침침해지면 찻물을 끓인다. 쑥차 두 잔을 따른다. 쑥 향이 번진다. 염천에 뜨거운 차를 마신다. 속이 시원하다. 한 잔은 벽 앞에 놓는다. 벽과 같이 차를 마신다.

찻물을 한 모금 입에 물고 창밖을 바라본다. 산이 물안개에 젖어있다. 이 자리에서 북한산자락과 눈 맞춤한지도 20년이 넘었다. 자연은 그제나 이제나 여일한데 인심은 조석으로 변하고 나는 인심보다 더 빠르게 변해있다. 찻물을 삼키고 또 읽는다.

선풍기가 더운 바람을 토해내면 에어컨을 틀고 책을 읽는다. 2, 30분 읽으면 또 눈이 침침해진다. 한참을 쉬었다가 읽는다. 책 한 권을 가지고 여러 날 씨름하지만 늘 손에서 책을 놓지 않는다. 책은 손때가 묻어있다. 종일 가야 전화 한 통 오지 않고 걸 데도 없다. 나의 공간은 절간 같다. 이럴 때면 책을 들고 벽을 바라보며 소리 높여 읽는다. 책 읽기는 고독을 쫓는 유일한 길이요 생각과 생각을 잇는 다리다. 쓸쓸한 적막에 묻혀 지낸다. 여행의 진수는 밖에서 안으로 떠나는 것이라면 글 읽기의 진수는 홀로 벽을 바라보며 읽는 것이다.

책을 들고 집은 나선다. 빈손으로 길을 걷다 보면 무언인가를 잃어버린 듯 허전하고 어깨가 한편으로 쳐진듯하다. 어깨의 균형을 잡기 위해서 책을 들고 다닌다. 자존감을 지키기 위해서 손때 묻은 책을 들고 다닌다. '걸어가는 사람'을 조각한 알 베르토 자코메티(1901-1966)는 "인간은 걸어 다닐 때면 자신의 몸무게의 존재를 잊어버리고 가볍게 걷는다."고 했다. 나도 책을 들고 걸을 때는 몸

무게를 잊는다. 그런데 뒤에서 오는 사람이 앞지른다. 걷기가 전만 못함을 인정해야 하는 순간이다. 힘에 부치면 찻집에 들러 다리를 쉰다. 창밖을 바라보다가 책을 편다. 책을 읽다가 눈이 침침해지면 웅얼웅얼하며 눈을 쉰다. 갓난아기가 울음으로 자신의 존재를 알리듯 나의 책 읽기는 살아있음을 확인하는 행위다.

책을 읽는다는 것은 저자의 영혼을 읽는 것이요 저자의 생각을 알아내는 일이다. 영혼의 소리를 들으며 읽다가 생각이 머물면 밑줄을 긋는다. 우리 집 서가에는 여러 권의 책이 꽂혀있다. 책을 통해 그리던 도시나 나라를 찾아가 그 시대를 살던 사람을 만나는 유일한 기회다.

와이셔츠 상자에는 40여 년 전에 돌아가신 어머니의 편지가 여러 통 들어있다. 어머니가 그리울 때면 편지를 꺼내서 읽는다. 그리움이 밀려온다. 시인 김용호(1912~1973) 선생님은 문학의 길을 걷게 해준 분이다. 결혼식 때 당부하신 "결혼은 두 사람이 끝없는 길을 끝까지 같이 가는 일이라"는 주례말씀을 새기면서 힘든 고비를 넘기기도 했다. 때로는 서가에서 선생님 시집을 꺼내서 선생님처럼 눈을 지그시 감고 읽기도 한다. '어디든 멀직암치 통한다는 / 길옆 / 酒幕 / 그 / 수없이 입술이 닿은 / 이 빠진 낡은 사발에 / 나도 입술을 댄다' 김용호 시 '酒幕'에서

스승을 모시듯 친구를 사귀듯 책을 사들이고 책을 통해서 저자를 만나고 나를 만난다. 서가에는 책을 분야별로 분류해 놓았다. 같이 글공부하는 동인들의 책과 좋아하는 작가의 책을 별도로 꽂아놓고 수시로 펴본다. 홀로 뜨거운 여름나기가 쓸쓸하고 버겁지만, 책을 통해서 위로받으며 여름과 친해지고 있다. 친해질 만하니 입추가 내일모레다.

음식을 고루 먹어야 균형 있는 육신을 유지하듯 책을 통해서 맑은 영혼과 건강한 나는 만든다. 내가 글을 읽으면 벽은 듣는다. 유일한 관객이다. 오늘도 서가에서 책을 골라 목청껏 읽는다. 눈이 침침해 지면 찻물 한 모금 물고 북한산을 바라보다 벽에게도 차를 권한다.

"차 한 잔 드실래요?"

'여'에 대하여

지난가을에 무의도 갔을 때 일이다. 실미도를 다녀오겠다고 하니 곧 밀물 때가 된다면서 "저기 저 '여'가 물에 잠기기 전에 나와야 한다."고 주의를 준다.

"여?"

사전에는 '물속에 잠기어 보이지 않는 바위'라고 적혀있다. 썰물 때 모습을 드러냈다가 밀물 때가 되면 흔적도 없이 사라지는 바위섬이라는 뜻이다. 여를 암초라고도 부르는 뜻을 알 것 같다. 바꿔 말하면 문득 떠오르는 기억과 그 기억이 한순간에 사라지는 것과 비교해도 될 것 같은 여. 그리고 보면 사람의 마음에도 여가 살고 있을 것 같다.

국립해양조사원에서는 바다 속에 있는 산과 계곡 그리고 분지 등에 이름을 붙여주고 있다. 완도군 서정리에는 '각시여'가 있다. 바다에 나갔다가 실종된 아내를 그리워하던 남편이 바위가 되었다는 전설에 따라 붙여진 이름이다. 또 군산시 옥도면 바다에는 '슬픈 초' 또는 '우는 여'라고 부르는 수중 암초가 있다. 파도가 바위에 부딪칠 때면 사람이 우는 것 같은 소리가 난다고 해서 붙인 이름이다.

이어도는 제주도 사람들이 이상향으로 생각하는 섬이다. 바다로 나가 돌아오지 않는 어부들의 섬, 어부들이 죽으면 돌아가는 환상의 섬이라는 전설이 있다. 이 섬은 1900년 영국 상선이 암초를 발견하고 '스코트라 암초(socotra rock)'라는 이름을 붙여 국제적으로 사용하고 있다. 국립해양조사원이 2000년도에 '이어도'라고 이름을 붙여주었다. 우리나라가 한발 늦게 이름을 붙였더라면 중국의 수역에 편입될 뻔한 곳이다. 현재 이 지역은 중국과 배타적 경제수역을 둘러싼 갈등이 일고 있는 분쟁지역이 되었다.

겨울이 오면 바람만 사는 바다를 보러 섬에 간다. 식당도 문을 닫고 비치 파라솔은 접어서 한쪽에 치워둔 그 위로 바람이 지나간다. 파도에 밀려온 라면 컵, 비닐 조각만 흩날리는 바닷가를 걷다 보면 사라져 버린 기억이 문득

떠오를 때가 있다. 바닷물이 빠지면서 바위섬 아니 여가 모습을 드러낸다. 문득 떠올랐던 기억이 사라지듯 바닷물이 밀려오면 여도 사라진 수면에서 불어오는 뼈가 시린 찬바람이 옷 속까지 파고든다. 나희덕 시인의 시 '여라는 말'에서 '…망각의 물결 속으로 잠겼다가 / 스르르 다시 드러나는 바위 / 그것을 섬이라고 부를 수 없어 여라고 불렀다.'라고 썼다. 겨울 바다를 찾는 것은 물결 속으로 잠겼다가 스르르 다시 드러나는 '여'를 만나기 위함인지도 모른다.

육지에도 '여'가 있다. 지하철 입구에 쪼그리고 앉아 야채를 파는 할머니는 승객이 밀물처럼 몰려올 때면 보이지 않다가 썰물처럼 빠져나가면 보인다. 할머니는 늘 그 자리에 앉아 있건만 인파에 따라 보이다 말다 하는 육지의 '여' 다.

길을 걷다 보면 앞서가는 사람이 어머니처럼, 형님처럼, 누님처럼 보일 때가 있다. 쫓아가다 보면 인파에 묻혀버리고 다시 나타난 그는 낯선 사람, 허상일 뿐이다. 또 청춘 시절에 그네와 자주 들르던 명동의 그 찻집 앞을 지날 때면 순간 그네가 나타난다. 쫓아 가보면 사라지고 돌아서면 나타난다. 그래도 순간을 만나러 붐비는 그 찻집 앞을 서성인다. 마음 안의 '여'를 만나기 위해서다.

바다처럼 내 마음에도 '여' 가 살고 있다. 그리움의 '여' 가, 이기심과 위선의 '여'가 살고 있다. 나만이 아는 마음 속에 돌출해 있는 완강한 '여' 다. 그리움의 '여'를 만나면 안타까움에, 이기심과 위선의 '여'를 만나면 실망감에 밤을 지새운다. 그런 밤이면 '여'에 대하여 상념에 잠기며 밤잠을 설치기도 한다.

손자의 여자친구

요즈음 인스타그램에 사진도 올리고 글도 쓴다. 마음에 드는 사진이나 글을 보면 '좋아요'를 누르고 답 글도 단다. '55555 tae'라는 회원이 마음에 드는 사진을 자주 올려 유심히 보고 있다. 포르투갈 호카곶에서 남녀가 서해를 바라보는 뒷모습이 올라와 있다. 여행 중 인상 깊었던 곳이라 마음이 갔다. 쓸쓸함이 적막함이 묻어나는 사진이다. '젊은 친구가 이런 배경을…' 구시렁거리며 프로필을 봤다. '파리 보자르에서 미술전공'이라고 소개한 글 밑에 사진이 떴다. 아니? 이럴 수가. 사진의 주인공은 바로 내 손자 태석이다.

녀석이 어렸을 때 오태석을 줄여서 오태라고 불렀다. 별명이었다. 자라면서 오태 보다는 오태석이라고 불렀다. 어느새 오태라는 별명은 나의 기억에서 잊혀졌다. 십 년이 훨씬 지나서 오태는 55555 tae로 인스타그램에 등장한 것이다. 녀석은 어린 시절 기억의 끈을 붙잡고 있다가 사이버공간에서 재생시킨 것이다. 환생이다.

55555 tae는 자주 사진을 올렸다. 사진이 올라오면 '좋아요'가 2, 3백여 개가 달렸다. 댓글도 수십 개씩 달리고. 나는 고작해야 열 개를 넘지 못하는데. 나와는 하늘과 땅 차이였다. 화실에서 그림을 그리는 모습 아래에 '나도 작업을 해야 하는데'라는 글이 씌어 있다.

seoy_k '응. 명심할게'

55555 tae @seoy-k '서영이 자체가 선물이징 ㅎ' 이런 댓글이 달렸다. 나는 열심히 풀이해 봤다. seoy는 서영이고 k는 김 씨 아니면 강 씨다. 호카곶에서 바다를 바라보던 여자는 서영이었고 서영이는 55555 tae 에게는 선물이라는 해석이 된다. 손자의 여자친구. 가슴이 뛴다. 며칠이 지났다. 드디어 그들이 모습을 나타냈다. 2019 신년트리 앞에. 그리고 댓글을 남겼다.

55555 tae '올해도 두 달밖에 안 남았네. 누나를 만나서 좋았어. 맨 날 같이 붙어있고 떨어져 있으면 보고 싶고 누나가 옆에 있어서 좋았어. 2019년도 여행도 많이 가고 학

교도 열씨미 다니고 맛있는 것도 많이 먹장. (중략) 더 많이 이뻐해 주고 잘 챙겨줄게. 사랑해'

seoy-k ㅎㅎ'나도 태석이랑 만나서 좋았어. 행복해잉. 알라뷰 안 삐지는 서영이가 될께ㅋㅋㅋ 빨리왕'

서영이에 대해서 수소문해봤다. 파리에 거주하는 유학원 원장 집에 오태가 서영이와 함께 나타났다. 서영이는 창원에서 태어나 파리에 있는 미술대학을 다니는 학생이다. 2살 연상이라고 했다. 원장은 "참하고 야무진 처녀"로 보인다고 토를 달았다. 지난해 불의의 사고로 유명을 달리한 k 선생 부인에게서도 전화가 왔다. 유학을 마치고 파리에서 자리 잡은 딸의 결혼식에 다녀왔다면서 태석이가 여자 친구와 참석해서 반가웠다고 했다. 참해 보였다고 했다. 파리에서는 내놓고 교제하고 있음이 분명했다. 내가 55555 tae에게 댓글을 달아줬다. 나도 모르는 사이에 손자의 여자 친구와 사이버공간에서 호흡을 같이하고 있었다. 세상사 모를 일이다.

심호흡하고 사진을 펴봤다. 서영이의 얼굴을 똑똑히 보고 싶었다. 사진을 피는 순간 "억!" 외마디 소리를 지르고 말았다. 그 얼굴은 내가 너무나 잘 알고 있는 얼굴이다. 아니 그 사람을 빼닮은 얼굴이다. 그토록 그립고 때로는 원망도 했을 엄마를 서영이가 빼닮은 것이다. 아들은 엄마 닮은 여자를 좋아한다지만. 특히 55555 tae한테는 더 간절하지 않겠는가. 서영이와 가까워진 것 중의 하나일 것 만 같다. 얼굴의 대물림이다.

55555 tae는 9살 때 엄마와 헤어졌다. 떠나간 어미를 그리워하다 우울증을 앓기도 했다. 의사는 "성년이 되어서 사랑을 하고 가정을 이루면 서서히 낳을 것이라"고 했다. 그의 얼굴은 늘 어둡고 말수가 적었다. 나도 어둡다는 말을 많이 듣고 있다. 13살 때 아버지가 돌아가신 뒤 어려운 청소년기의 영향인지도 모를 일이다. 손자는 9살에 할아비는 13살에 편부모 밑에서 자랐다. 운명과도 같은 대물림이었다. 그래서인지 녀석에 대한 관심이 도를 넘는다는 말을 듣는다. 내가 생각해도 집착에 가까울 때가 더러 있다.

녀석이 그림에 관심을 끌게 되고 외국으로 떠나면서 좀 밝아지기 시작했다. 올여름 방학에 와서는 자주 웃고 말수도 늘었다. 하고 싶은 일을 해서 그러려니 했다. 어쨌든 다행이었다. 나도 덩달아 웃고 말을 많이 했다. 녀석의 상태에 따라 웃고 울고 했다. 지금 알고 보니 나 때문이 아니라 엄마 닮은 여자 친구, 서영이 때문임을 뒤늦게야 알았다. 서영이는 태석이 얼굴에 그늘을 지워주는 빛이다.

이런저런 생각을 해본다. 요즘 젊은이들은 쉽게 만나고 쉽게 헤어진다지만 어쩌면 부부의 연을 맺을지도 모를 일이지 않겠나. 어찌되었든 태석이 얼굴에 그늘을 지워준 귀한 사람, 서영이에게 전할 수만 있다면 이 말을 꼭 전하고 싶다.

"계산하지 말고 사랑하세요. 같은 길을 가는 동행자임을 늘 기억하세요. 만약 결혼한다면 무조건 끝까지 가야 합니다. 너의 자식에게도 편부모를 대물림해서야 쓰겠는가."라는 말을.

보따리 인생

"언제나 보따리 신세를 면할는지…" 아내가 반찬통을 주섬주섬 챙기면서 푸념하는 소리다. 주중에는 큰애네 집에서 손자를 돌보다가 주말이면 돌아오는 그다. 오자마자 내가 1주일 동안 먹을 음식 만들고 잡다한 집안일을 하다 보면 어느새 가야 할 시간이다. 강남은 물가가 비싸다고 큰애네 것까지 장을 봐서 싸 들고 간다. 이렇게 보따리를 싸고 풀고 또 싸기를 되풀이한 지가 11년째다.

내가 '국민학교' 1학년 때 책을 보자기에 싸서 어깨에 메고 다녔다. 처음 싸보는 보따리였다. 책보를 어깨에 메고 뛰다 보면 공책도 빠지고 연필도 빠지곤 했던 기억이 남아있다. 그리고는 집안이 기울어 친척 집에 더부살이하면서 싸고 풀었던 보따리와 결혼해서 사글셋방을 전전하다가 자리 잡기까지의 십여 번이 넘게 보따리를 싸고 풀었다.

그 무렵 상인들은 거의가 붙박기 가게가 없는 보따리 상인들이었다. 그들은 업은 아기와 머리에 인 보따리를 합하면 제 몸집보다 더 큰 짐을 지고 도붓장수를 했다. 일용품과 농산물을 맞바꾸는 물물교환, 심지어는 가을 추수 때 받기로 하고 외상을 깔아놓기도 했다. 때로는 며칠을 묵으며 허드렛일을 해주면서 품삯으로 곡식을 받아서 이고 갈 때면, 눈이 빠지라 기다리는 새끼들이 밟혀 한걸음에 달려갔다.

전철역 출입구에 쭈그리고 앉아 보따리에 싸서 온 물건을 풀어놓고 꼬박꼬박 졸면서 손님을 기다리는 노인은 그들의 후손일 것만 같다.

이렇게라도 이 땅에서 살 수 없었던 사람들은 남부여대하고 유랑의 길을 떠났다. 연해주로, 일본으로, 하와이로, 브라질로…. 그런가 하면 망국의 한을 품고 조국의 독립을 위해서 괴나리봇짐을 지고 타국 땅을 떠돌았다. 이렇게 떠난 후손들이 세계 여러 나라에 뿌리를 내리고 사는 동포들이 700만 명이 넘는다. 우리는 숙명과도 같은 보따리와 뗄 수 없는 민족인지도 모르겠다.

인천항 국제터미널에서 배를 타고 중국으로 건너가 화장품이나 가전제품을 팔고 돌아올 때는 농산물을 들여오는 보따리상이 줄잡아 26만여 명 넘는다고 한다. 부산항 국제터미널에서도 라면, 인삼, 김… 을 싼 보따리를 들고 일본으로 건너가서 돌아올 때는 전자제품이나 낚시용품을 싸 들고 오는 보따리상이 중국을 드나드는 사람보다 더 많다고 한다. 현대판 도붓장수다.

바다 밑에서 선박이나 해양구조물 등을 관리하는 산업잠수사를 보따리장수라고 부른다. 잠수장비와 간단한 옷가지가 든 보따리를 들고 짧게는 한 달, 길게는 1년여를 떠돌기 때문에 붙여진 이름이다.

보따리장수라 불리는 민간 잠수사는 3년 전 안산 단원고 학생을 태운 세월호가 팽목항 근처에서 침몰했을 때, 하던 일을 중지하고 현장으로 달려갔다. 선장은 제일 먼저 탈출했고, 국가 통수권자는 7시간 동안 행방이 밝혀지지 않았고, 국가권력은 배가 가라앉는 현장을 바라만보다가 295명이 사망하고 9명은 지금까지 시신조차 수습하지 못하고 있다. 그때 민간 잠수사들은 바다 속에 들어가 어린 생명을 구하다가 자신의 목숨을 잃기도 했다. 보따리 인생들의 거룩한 희생이다.

해방되면서 소 팔고 논 팔아서라도 자식을 공부시켰다. 가난을 대물림하지 않겠다는 부모의 일념은 우리나라 경제발전의 동력이 되었다. 당시 선생들은 책 보따리를 들고 이 대학 저 대학을 다니면서 강의를 해야 했다. 이들을 지식을 파는 보따리장수라고 불렀다. 그리고 보면 보따리장수라는 말은 밑바닥에 사는 사람들을 일컫는 말이기도 하다. 예부터 보따리는 아련한 슬픔과 인고의 세월과 함께했다.

나도 예외 없이 보따리를 싸고 풀면서 예까지 왔다. 졸작 '이사기'에서 "…더 이상의 이사는 없을 것이다. 아니 한 번 더 있겠다. 이승에서 저승으로 자리를 옮김. 그때는 짐을 꾸리고, 풀고 하는 그런 일은 안 해도 되겠지"라고 썼다. 그렇지만, 보따리가 힘에 부쳐 짐을 줄이고 또 줄이는 일이 있을지라도 오래오래 싸고 풀고 했으면 좋겠다.

아내의 여름휴가

아내가 왔다. 여느 때처럼 하룻밤 자고 가는 것이 아니라 일주일 휴가를 받고 왔다. 오래전부터 큰애네 집에서 손자 녀석들을 뒷바라지하고 있는 그는 군인이 외박 나오듯 주말이면 집에 와서 하룻밤 묵고 간다. 그런데 이번에는 아들네가 여름휴가를 떠나자 돌아왔다. 자신의 집으로 휴가를 온 것이다.

폭염이 계속되면서 한낮의 집안은 사람체온보다 훨씬 더 높다. 주방에서 불을 쓰면 숨이 막힐 지경이다. 거실에 있는 30년 가까이 된 '금성'에어컨은 아침부터 계속 돌아가고 있다. 지난여름에는 더울 때 조금씩 켰었는데도 한 달 요금이 30만 원이 넘게 나왔었다. 요금폭탄이다. 그 뒤부터는 천장에 매단 굴비를 바라보듯 그렇게 지냈다. 그런데 긴 폭염에 폭탄을 맞더라도 우선은 살고 봐야 할 지경이다. 고물 에어컨은 이런 속도 모르고 윙윙 소리를 지르며 잘도 돌아간다.

아내는 땀을 쏟으면서 쓸고 닦고 옮기며 눈코 뜰 새 없다. 그동안 간신히 끼니 때우고 눈에 보이는 곳만 고양이 세수하듯 청소를 했으니 집 안 구석구석이 먼지투성이다. 어제는 손걸레로 온 집안을 한 꺼풀 벗기더니, 오늘은 아침부터 어깨에 찬물수건을 두르고 냉장고를 대청소한다. 일을 마치고 땀으로 범벅이 되어 욕실로 들어간다. 물 뿌리는 소리가 난다.

나는 뒤늦은 휴가계획을 짜고 있다. 오늘 점심은 나가서 먹은 뒤 극장이나 카페에서 피서하기. 부모님과 형님들 산소 다녀오기…. 매년 그랬듯 올여름도 주변을 둘러보고 가을이 오면 여름에 가지 못한 휴가를 떠나자고 할 작정이다.

아내가 옷을 갈아입고 TV를 보다가 눈을 스르르 감는다. 고단한 것 같다. “점심 먹으러 나가야 하는데…” 하면서 에어컨 스위치를 껐다. 열기가 덮친다. 선풍기를 아내 쪽으로 고정하려는 순간, 벌떡 일어나면서 “내 집에서 내 맘대로 에어컨도 못 켜요.”라고 버럭 화를 내며 신경질적

안 녕
[an-nyŏ]
Bonjour
시원한
빙수

으로 스위치를 누른다. 꺼졌던 에어컨은 윙 소리를 지르며 돌아간다.

폭염이 계속되자 온열 환자가 급증하고 사망자도 십여 명이나 발생했고 한다. 전기요금 누진제 때문에 서민들은 에어컨은 바라만보고 더위와 사투를 벌인다. 전기요금 누진제를 완화해 달라고 아우성치지만, 당국은 꿈쩍도 않는다.

서민들은 뜨거운 낮이 되기 전에 지하철역이나 은행, 대형쇼핑몰에서 더위를 피한다. 아내와 나도 지하철 종로3가역에서 5호선으로 바꿔 타고 광화문역에 내려 교보문고로 들어간다. 찬기가 몸을 감싼다. 마음이 끌리는 책의 표지그림이나 제목을 훑어보다가 한두 페이지를 읽어본다. 책을 사 들고 의자에 앉아 본격적으로 읽기 시작한다.

그러다가 또 전철을 탄다. 충무로역에서 통로를 따라가다 보면 극장으로 통한다. 상영 시간이 가까운 표를 사들고 영화를 본다. 피서가 목적이기에 영화 내용에는 별 신경 쓰지 않는다. 지하철도 공짜요, 극장도 반값이다. 우리가 가는 찻집도 유명 커피집의 반에 반값이다. 이렇게 지하에서 싼 집만을 골라 다니면서 여름휴가를 보낸다. 서민들은 땅 밑에서, 중산층은 땅 위에서, 고소득층은 하늘에서 휴가를 보낸다.

땅 위에 서는 비가 오는지, 눈이 오는지, 바람이 부는지, 햇볕이 뜨거운지… 알 수가 없다. 두더지처럼 땅속을 누비며 폭염을 피한다. 이렇게 땅속을 떠도는 사람들을 위해서라도 가을이 어서 왔으면 좋겠다. 서민들이 믿고 의지하며 푸념할 곳은 하늘밖에 더 있는가.

아내가 휴가를 끝내고 돌아가는 날이다. 잠자리에서 일어나자마자 에어컨을 틀면서 내년에는'절전형 에어컨'을 사자고 했다. 아내도 보태겠다며 슬며시 스위치를 끄고 선풍기를 돌린다.

멍 때리기

해마다 여름이면 도시는 적막하다. 나는 많은 사람들이 떠나 헐렁해진 도시에서 여름나기 계획을 짠다. 더위를 피해 전철도 타고, 영화도 보고, 서점에도 가고, 짜장면도 먹고, 찻집에서 멍하니 앉아있는 일정을.

이렇게 몇 개의 일정을 정해놓고 여름나기를 한다. 한 여름은 햇볕이 너무 뜨거워서 지하철을 이용한다. 지하철에서 눈을 감고 있으면 유진 오닐의 희곡 '밤으로의 긴 여로'가 떠오르고 나도 끝없는 여정에 오른 주인공이 된다. 시원하다.

며칠째 폭염경보가 발령 중이다. 오늘은 영화 보기다. 3

호선 충무로역 2번 출구로 나가면 바로 대한극장과 연결된다. 극장 문을 밀고 들어간다. 전철도 극장도 역시 시원하다. 딴 세상 같다. 영화가 시작하려면 1시간이나 남았다. 찻집에 갔다. 2천 원을 건네면서 따뜻한 아메리카노를 주문했다. 따뜻한 온기가 전해지는 종이 잔을 들고 2층으로 올라가 창가에 앉는다. 차 한 모금 물고 멍하니 창밖을 바라본다.

버스 정류장이 내려다보인다. 남산타워에 가는 손님으로 늘 붐비는 곳이다. 길 건너에는 소설가 오상원의 소설 제목과 같은 '오발탄' 식당이다. 40여 년 전에는 한정식집이었었는데. 그때 자주 이용했었다. 같이 다니던 사람의 얼굴이 떠오르고, 고운 한복을 입고 미소를 지으며 반갑게 맞아주던 종업원의 모습도 떠오른다. 그런가 하면 대여섯 살 무렵인가? 여름밤 모깃불을 피워놓고 멍석에 둘러앉아 참외를 먹던 생각도 떠오른다. 이처럼 옛일은 선명한데 현재의 일은 깜깜할 때가 있다. 나이가 들면 현재를 잊으며 과거로 돌아가는 것 같다. 생각을 멈추고 시계를 봤다. 이를 어쩐다. 영화 시작 시각이 30분이나 지났다. 한 시간 넘게 멍 때리기를 하다 시간을 놓친 것이다.

아무런 생각 없이 멍하니 있다가 제정신으로 돌아오는 경우가 있다. '내가 뭐 했지?' 이런 걸 일컬어 멍 때리기 한 것이라고 한다. 디지털 문화가 퍼지던 2천 년대 전후

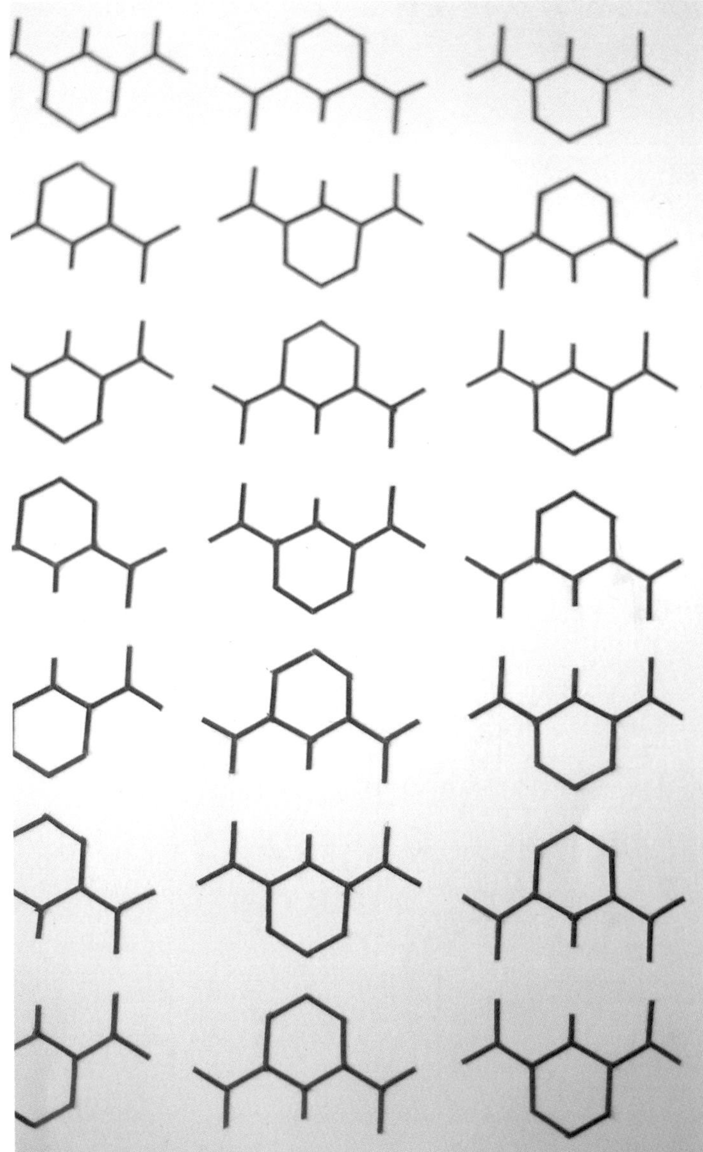

에는 '느림의 미덕'을 추구했었다. 20년 가까이 지난 지금은 '스마트한 디지털 기기'를 통해 즐겁고 다양한 활동을 하는 사람들이 오히려 '아무것도 하지 않는 순간'을 찾고 있다.

멍 때리기는 고대로부터 철학자들이 관심을 가져왔다고 한다. '명상록'을 쓴 파스칼이 인간은 소란스러움과 활동하는 것을 좋아하기 때문에 감옥살이가 매우 두려운 형벌이라고 했다. 자신은 휴식을 원한다고 말하지만, 사실은 끊임없이 활동하는 것을 추구한다고 했다. 그는 '인간의 불행은 가만히 있을 줄 모르는 데서' 비롯된다고도 했다.

디지털시대에 사는 사람들은 문화적 자극을 받아 쉴 새가 별로 없는 것 같다. 그러나 역설적이게도 인터넷상에서 '잊힐 권리'를 주장했듯이 디지털 세상에서는 '가만히 있을 권리'를 주장한다. 그래서 멍 때리기가 유행하는 것 같다. 그렇지만 이는 누가 보장해 주는 것이 아니다. 스스로 찾아야 하는 권리 같은 것이다. '나를 찾는' 일이기 때문에 더 그렇다. 그래서 멍 때리는 일은 개성 있는 삶이 되는 길이다. 삶의 멋이 여기에 있다. 이는 일상에서 행복을 느끼기 때문이며 정보화시대 틈새에서 얻는 즐거움이기도 하다.

영화 보기는 글렀다. 창가에서 멍 때리기나 하다가 해가 설핏해지면 짜장면이나 먹고 집으로 돌아가야겠다. 묘하게도 멍 때리기가 나를 행복하게 한다.

등 긁어주는 사람

사람의 신체 중에 손이 닿지 않는 곳이 있다. 등이다. 목욕탕에서 때를 밀 때나 가려울 때는 남의 손을 빌려야 한다. 대신 때수건이나 '효자손' 같은 기구를 이용하는 경우가 많지만 약을 바를 때는 그럴 수도 없다.

올겨울에는 몸에 가려운 곳이 많다. 몸 전체가 가렵다. 남 앞에서 긁적거리는 것도 점잖지 못할뿐더러 긁다 보면 상처 난 부위가 쓰라리기도 하다. 부탁할 사람도 없으니 난감하다. 몹시 가려울 때면 벽 모서리에 등을 대고 비비기도 하고 플라스틱 자로 가려운 부위를 문지르기도 한다. 벽 모서리에 등을 비빌 때면 곰이 나무에 등을 대고

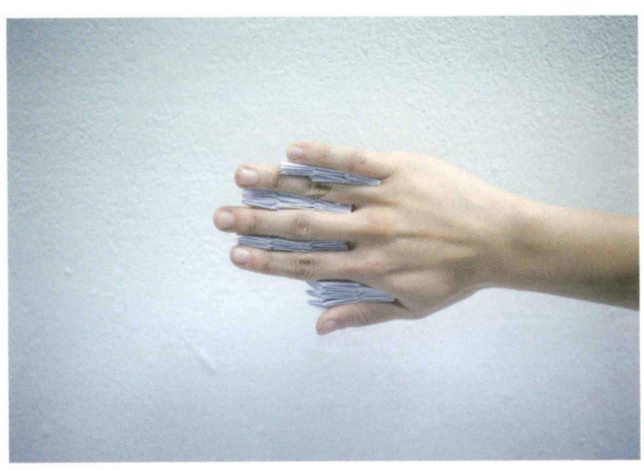

비비는 생각이 나서 실소를 금하지 못 할 때도 있다.

피부과에 들렀다. 혈액검사 결과를 보면서 "겨울철 피부가 건조해서 그러니 약을 먹으면서 가려울 때면 바르라"고 한다. 그리고 목욕 후에는 보습제 사용하는 것을 잊지 말라고 한다.

처방한 약을 먹고 연고를 바르니 가려움증이 많이 가셨다. 그런데 손이 미치지 못하는 등은 방법이 없다. 이럴 때면 식구가, 그것도 흉허물이 없는 식구가 그립다. 자식들은 가정을 이루어 나간 지 오래고 아내는 큰애네 집에 가 있으니 등 긁어주고 약 발라 달라고 할 사람이 없다.

오늘은 우리 집 장손 태석이가 미술수업이 끝나면 제집으로 태워다 주는 날이다. 일주일에 서너 번 녀석과 밤길을 달리면서 이런저런 이야기도 하며 마음을 다독여주는 시간이기도 하다. 현관에 들어서자마자 아내에게 약을 발라 달라고 했다. 옷을 올리는데 손녀 하림이가 제방에서 쏙 나온다. 멈칫하면서 엉거주춤한 자세를 보고 녀석이 씩 웃으면서 제 방으로 간다. 다시 바르려는데 현관문 비밀번호 누르는 소리가 난다. 큰애다. 아내의 손을 끌고 내 차로 갔다. 차 안에서 약을 발랐다. 시원하다. 살 것 같다. 아내는 올 때마다 약을 가지고 오라면서 약 바르는 손에 힘을 준다.

주말이면 가끔 S 선생과 북한산 근처에 있는 온천에 간다. 북한산 계곡에 있는 온천은 물도 좋지만 울창한 숲과 그 숲에서 불어오는 바람 소리가 더 좋다. 요즘은 나뭇잎을 다 떨어뜨리고 나목으로 서 있는 숲이 좋아서 자주 간다. 어릴 적 물장구치면서 놀던 '불알친구'를 못 잊는 것처럼 어른들도 알몸으로 같이 목욕하면 더 친밀해지는 것 같다. S 선생이 비누질하고 나면 슬며시 등을 민다. 등밀이가 끝나면 내 등도 밀어준다. 임무 교대다. 때수건으로 등을 밀 때면 그렇게 시원할 수가 없다. 가려움증이 단번에 날아가는 듯싶다.

등을 밀면서 가려움증으로 고통스럽다고 말했다. 자기도 그렇다면서 효자손을 부부가 같이 쓰고 있다고 한다. 그걸 사면되지 않느냐는 표정이다. 수건으로 물을 닦고 보습제를 바르면서 S 선생 쪽을 힐끗 바라다보았다. 등에 약을 발라 달라는 말이 목구멍까지 나왔다가 쏙 들어가고 만다.

내가 효자손을 사지 않는 이유를 생각해 본다. 굳이 이유를 말한다면 '난 아직도 그럴 때가 아냐' 이런 자존심인 것 같다. 또 서로 등을 밀어주는 사이면서도 약을 발라 달라고 부탁하지 않는 이유를 말한다면 또한 자존심인 것 같다.

현관문 열리는 소리가 난다. 비밀번호를 아는 사람은 가족들뿐이다. '이 시간에 올 사람이 누굴까?' 하면서 현관으로 나간다. 아내가 모임에 왔다가 가는 길에 들렸다고 한다. 소파에 앉자마자 등에 약을 발라준다. 그리고는 가방을 열고 부스럭거리더니 "가려울 때 긁어요."라며 효자손을 내민다.

연륜年輪

늘 푸른 측백側柏나무는 오래 사는 나무다. 중국 산시성에 있는 측백나무는 5000살이라고 한다. 우리나라 천연기념물 제1호인 대구에 있는 측백나무는 200살 정도라고 한다.

측백나무는 중국 황허강 유역을 대표하는 나무다. 황허강 유역에는 나이 많은 측백나무가 많이 살고 있다. 중국인들은 측백나무를 '성인聖人'의 기운을 받은 나무라고 생각한다. 중국 주나라 때 측백나무를 제후諸候의 무덤에 심었으며, 한나라 무제는 대부大父에 비유했다.

추사 김정희는 제주도에 유배되었을 때 책 시중을 열심

히 한 이상적 에게 고마움의 표시로 '세한도'를 그려 선물했다. 측백나무 네 그루, 집 한 채, 나머지는 모두 여백으로 남긴 세한도. 거칠고 쓸쓸한 제주에서, 거칠고 쓸쓸한 화법으로 자신의 삶과 처지를 재현해낸 세한도는 측백나무의 의미를 잘 드러냈다고 한다.

사람은 측백나무처럼 장수를 원한다. 어떻게 하면 건강하게 100년을 살 수 있을까? 유사 이래 수많은 장수비법이 나타나고 사라졌다. 현대과학이 장수비결을 밝힌 바에 의하면, '소식하고, 뇌 심장 등 신체 내부 장기의 온도인 심부 체온을 낮추고, 적절한 외부 자극으로 면역을 높이고, 긍정적인 사고를 하고, 배우자와 자녀들과 친밀하게 지내고, 양호한 주거환경에서 살면 장수한다'고 했다.

장수는 단순히 나이가 많다는 뜻이 아니라 삶의 가치를 실현한다는 의미가 있다.

측백나무처럼 장수하기 위해서는 나이를 옆으로 먹는 사람이 되어야 한다. 대부분 나무는 줄기를 위로 뻗지만, 나이테는 옆으로 만든다. 나무가 나이테를 옆으로 만드는 이유는 수직 상승만으로는 균형을 잡을 수 없기 때문이다. 그래서 나무는 사력을 다하여 균형 잡힌 삶을 통해서 장수한다.

사람은 나이를 수직으로만 계산하며 산다. 나이를 연륜年輪이라고 말한다. 사람은 나이를 왜 바퀴에 비유했을까.

사람 스스로 나이를 바퀴에 비유했다면 나이 먹는 것을 두려워할 필요가 없다. 바퀴가 둥근 것은 시작도 끝도 없기 때문이다. 나무가 어떻게 해서 몸을 둥글게 만들 수 있는지 그 비결을 알게 되는 순간 사람도 나이를 수평으로 생각하며 살 수 있지 않을까.

사람도 나무처럼 나이를 수평으로 생각하면서 수직과 수평의 균형을 이루면 훨씬 의미 있는 삶을 살아갈 수 있을 것 같다.

그리움 그리기

태석이가 떠난 지 보름이 지났다. 세상이 적막하고 허전하다. 겉으로 내색하지 않으려고 애쓰지만, 블랙홀에 빠진 듯한 마음을 추스르기 힘들다. 그립다. 미술 전시회를 했던 화랑에도 가보고, 살던 집에도 가보고, 화실에도 가보지만 어디에도 보이지 않는다. 내 마음 안에는 있는데.

오늘은 화실 문을 밀고 들어갔다. 원장이 반갑게 맞는다. 차를 권하면서 "잘 도착했다고 카톡이 왔어요. 많이 보고 싶으시지요? 화실에 오셔서 그리움을 그림으로 그려보지 않겠어요?"라고 한다. 그 말을 듣는 순간 눈앞이 환해진다. 그렇다. 태석이의 흔적을 찾아 쏘다닐 것이 아니라 그리움을 화폭에 옮기면 되지 않겠는가.

내가 그림을 그린 것은 '국민학교' 때로 기억된다. 그 뒤로는 그려본 적도, 그릴 기회도, 그리고 싶은 생각도 없었다. 다만, 미술관을 드나들고 그림에 관한 서적을 읽는 것이 고작이다. 그런데 풍경이나 인물을 그리는 것도 아닌 '그리움 그리기'는 무모한 도전이 아닌가. 그래도 스케치북과 붓, 연필, 볼펜을 가지고 태석이가 앉았던 그 자리에서 첫 시간을 맞는다. 떨리는 순간이다.

내 이름을 오른손으로 왼손으로 써본다. 오른손으로 쓴 이름은 낯익은데 왼손으로 쓴 이름은 낯설다. 어린아이의 낙서 같기도 하고 처음으로 글씨쓰기를 하는 아이처럼 서툴기 짝이 없다. 하지만 왼손으로 쓰면 낙서한 듯 자연스러움이, 어릴 때 순수했던 느낌이, 원시시대의 자기 모습을 만나는 듯하다. 신기하다.

다음날은 '내가 생각하는 선'을 그려본다. 긴 선, 짧은 선, 가는 선, 굵은 선, 그리운 선, 기다림의 선… 을. 말이 안 되어도, 형상화가 안 되어도 다양한 선을 낙서하듯 그리다 보면 형상화가 된다. 낙서는 무의식적으로 그리지만 내 깊은 곳에 있는 근본이 되는 것을 그리는 것이다. 낙서하듯 선을 그어본다. 싸이 톰블리는 '미국의 추상주의 작가로 무심하게 끄적거린 듯한 작품이 인상적인 아티스트'이다. 그림을 낙서한 듯, 휘갈겨 쓴 듯싶은 글씨로

풍경을 표현하는 작가이다. 작품세계를 비디오로 보면서 종이에 선을 그어본다.

비디오를 보고 태석이가 앉았던 자리에서 '그리움을 담은 선'을 그어본다. 붓끝에 그가 어린다. 그와 나의 만남이 올해로 20년째다. 태어나서 푸른 청년이 되기까지 함께 지냈으니 흉허물 없는 사이다. 어려서부터 엄마와 떨어져 지내면서 그리움에 가슴앓이 하던 그때를 잊을 수가 없다. 길을 가다가도 아이와 엄마가 다정히 걸어가는 모습을 보면 걸음을 멈춘다. 학교 문 앞에서 아이를 기다리는 엄마를 보면 또 걸음을 멈춘다. 그리고 태석이를 떠올린다.

태석이가 엄마와 이메일로 주고받은 글 중에 이런 구절도 있다. '엄마하고 놀이터에서 놀다가 눈을 떠보니 꿈이었어. 밤새도록 울다가 학교에 갔더니 내 짝이 왜 눈이 부었느냐고 물었어. 창피했어. 엄마 같이 살면 안 돼? 나를 데려가던지.'

그러나 그의 간절한 바람은 허공에 흩어지고 말았다. 그 뒤로 태석이는 마음의 문을 닫고 지냈다. 일찍 찾아온 사춘기를 겪으면서 문은 더 무겁게 닫혔다. 급기야는 우울증에 시달리던, 어둡고 긴 터널 속을 허우적거리던 그 때를 잊을 수가 없다. 가슴 조이며 안타까워하고, 실망하며 희망을 품으며 그의 곁을 맴돌기만 했다. 나는 무능한 할아비요, 무심한 방관자였다.

그가 털고 일어나서 그림을 그리기 시작했다. 얼마 후 입시를 위주로 하는 미술에 싫증을 내면서 마음이 시키는 대로 그리고 싶다고 했다. 또 방황과 좌절의 어두운 시간이 흘렀다. 어느 날, 프랑스에 가서 미술을 배우겠다고 했다. 반가웠다. 그 나라 말을 배우며 유학 미술학원에서 그림을 그리기 시작했다. 그제야 본래의 자리로 돌아온 듯했다. 마음 한편으로는 또 흔들리면 어쩌나? 싫증을 내면 어쩌나? 하루하루가 벼랑 끝인 듯 아슬아슬했다. 나는 태석이 곁을 맴도는 바라기였다.

그는 지난해에 프랑스로 배낭여행도 다녀왔다. 지도 한 장 들고 다녀와서는 전보다 자신감이 있어 보였다. 늘 적극적으로 의견을 말하고 관철했다. 자존감의 회복이었다. 올해 초에는 그동안 그린 그림을 사진 찍고 편집해서 팸플릿을 만들어 전시회도 열었다. 그리고 떠났다. 짝사랑 20여 년 만에 그를 떠나보내야 했다.

서양화나 현대미술은 작품의 감상을 목적으로 그려졌다면 우리의 옛 그림에는 정신이 담겨있는 것 같다. 중국 송나라 때 구양수가 지은 '가을바람 소리에 붙이는 글'을 단원 김홍도가 그림으로 그렸다. 허망한 인생에 대해 쓸쓸함이 느껴지는 그 그림은 김홍도가 그린 마지막 작품으로 알려졌다. 나도 그리워하는 마음을 그리고 그려서 '그리움 그리기'가 나의 첫 번째이자 마지막 작품이 되기를 소망해 본다.

오늘도 긴 선, 짧은 선, 가는 선, 굵은 선으로 그리움을 그린다.

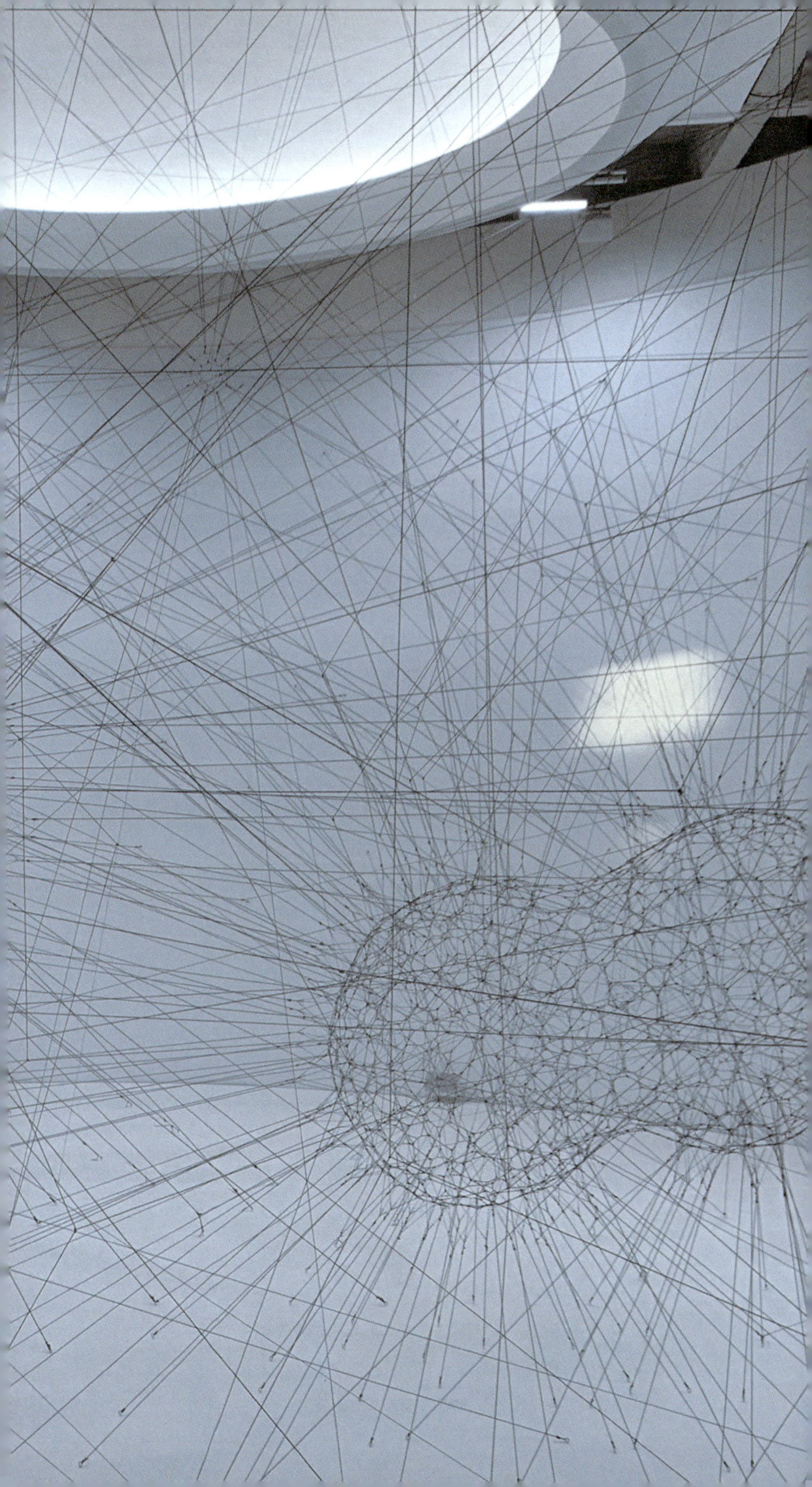

5년과 10년 사이

여권을 갱신하러 구청에 갔다. 담당 직원은 여권 기한이 5년과 10년 중에서 선택하라고 한다. 5년은 금세 지나가니 10년이 좋겠다고 한다. 직원의 설명을 귀담아들으면서 계산기를 굴리고 있었다. '5년으로 하면 내 나이 87살이 되고 10년으로 하면 92살이 된다. 10년은 아니지 싶다'면서도 10년을 고르고 말았다. 5년과 10년 사이에서 고민하다가 욕심을 부렸다.

30여 년 전에 여행이 자유화되면서 봇물 터지듯 공항으로 달려갔다. 지난해에는 2천 600여만 명이 해외여행을 떠났는가 하면, 비자가 면제되는 나라가 147개국에

이른다. 나도 그랬다. 여행경비가 마련되면 익숙한 곳을 뒤로하고 낯선 곳으로 달려갔다. 이렇게 해서 만료된 여권 네 권을 보관하고 있다.

몇 년 전에 친하게 지내는 3가족이 해외여행을 떠날 때 일이다. 준비물을 빠뜨리지 말고 특히 여권을 잘 챙기라는 문자를 보내며 주의를 환기시켰다. 공항에서도 서로 확인했다. 이상 없음. 그런데 항공사 직원이 내 여권 기한이 지났다고 한다. 그럴 리가. 펴봤다. 직원 말이 맞는다. 구여권을 들고 온 것이다. 함께 혼합 보관한 것이 탈이었다. 총알 택시 덕분에 가까스로 떠날 수는 있었지만, 체면을 구긴 참사였다. 남들에게는 잘 챙기라고 닦달했으면서.

한가할 때면 만료된 여권을 펴볼 때가 있다. 사증 난에 찍혀있는 도장을 보면서 그때를 기억해 낸다. 유럽의 도시를 걸으면서 대리석 문화의 웅장하고 화려함에 입을 다물지 못하면서 주눅 들던 때를. 획일적인 환경에 길든 내가 자유분방한 생활을 목격하고 '저건 방종이지' 라면서도 내심 부러워하던 때를. 국경은 건널목 건너듯 차선만 넘으면 된다는 사실을 난생처음 경험했던 때를. 건널 수 없는 군사분계선을 품고 사는 나에게는 충격이었다.

그 나라를 입국하고 출국할 때마다 공항직원은 여행객을 세워놓고 신상명세를 검색한 후 도장을 꽝! 찍어준다.

긴장하며 서 있는 동안 '행여나 입국이 불허되는 것은 아닐까?' 하는 걱정을 하다가 쾅 하는 소리는 구속에 풀려난 듯 안도의 숨을 내쉰다.

새로 나온 여권을 들고 거칠고 황량한 미얀마로 떠날 날이 코앞이다. 그런데 여행을 떠나기 전에 곡절이 있었다. 여권을 갱신하면서 5년과 10년 사이에서 갈등했던 일과 여행자 보험 문제로 승강이했던 일이다.

80세가 지나면 여행자 보험 가입이 안 된다고 여행사 직원이 전화했다. 납득이 되지 않았다. 여러 기관에 물었다. 운 좋게도 법규를 만든 부서 직원과 통화가 됐다. 그 직원이 법규가 개정되어 가입이 된다고 했다. 안내하는 부서에서는 개정된 법규를 모르고 있었던 것이다.

여행은 기억된 장소들, 얼굴들, 감정들이 모여서 나를 만드는 것이라면 이 장소를 안내하는 여권은 내 기억의 저장고다. 여권을 들고 미얀마의 거칠고 황량한 풍광과 순박한 미소에 푹 빠져있다가도 정신이 번쩍 들었다. 이러다가 다치면 안 된다는 생각에. 가뜩이나 나이 들면서 소외감을 느끼게 되고 여러 제도에서도 제외되기 일 수인데 부상이라도 당하면 "그것 봐라. 꼰대는 할 수 없어"라고 하지 않겠는가.

서울에서 대전가는 거리를 10시간이 걸릴 만큼 거칠고 험한 길이다. 우리를 태운 버스는 우마차도 다니고 사람도 다니는 사이를 비집고 천천히 움직인다. 한국이나 일본에서 폐차된 버스가 여기에서는 관광버스로 후한 대접받는다. 인도와 차도가 구분되지 않아 발판을 딛고 타야 한다. 조수는 발판을 잡아주고 운전기사는 손을 잡아주며 웃는다. 한눈팔다가 다리가 삐끗했다. 가까스로 조수의 손을 잡고 몸을 추슬렀다. 나이가 들면 바퀴에 바람 빠지듯 힘이 빠져나가나 보다. 그래서 실손 보험대상자에서 제외시키는 것 같다.

카메라를 들이대도 웃고 바라봐도 웃는다. 늘 웃는다. 부처님 미소 같다. 고요하고 그윽하다. 이런 사람들이 사는 구석구석을 돌아다녔다. 버스에 오르다 삐끗한 것 말고는 밥도 잘 먹고 잘 걸었다. 거뜬했다. 평소 늘 비염으로 코를 훌쩍이는데, 눈이 뻑뻑해서 인공눈물을 넣어야 하는데 코도 눈도 아무렇지도 않다. 마음도 몸도 편안했다.

인천공항에 내려서 버스를 타고 택시로 갈아타고 집 앞까지 왔다. 여행용 가방을 들고 5층까지 올라왔다. 현관문을 열었다. 무사 귀환이다.

내가 살면서 '5년과 10년 사이에서 고민하다가 10년을 고른 것' 은 잘한 선택이지 싶다. 순간의 선택이 10년의 행복을 가져다줄 것 같다.

janin
janin

차마 지우지 못하는 이름이 있다. 떨어져 살고 있지만, 사는 곳도 모르지만, 마음에 머무는 이름이다. 내가 밑줄을 그은 사람이다. 어떤 일이 있더라도 당신에게 그어놓은 그 밑줄은 길게 이어갈 작정이다.

2부 · 밑줄 긋는 남자

꽃구경

지난해 한식날이었다. 부모님 산소 앞에 제물을 차려놓고 차례를 지냈다. 부풀어 오른 흙을 밟아주고 잡초도 뽑고 주변에 나무들도 정리했다. 40여 년 전 어머니가 돌아가시던 해 심은 참꽃나무가 꽃망울을 터뜨리기 시작하고 있었다. 웃자란 가지를 잘라서 다복하게 만들고 검불도 털어내는데 아주 작은 새집이 나뭇가지에 찰싹 붙어있었다. 산새가 살던 집이다.

아! 산새는 검불로 만든 이 작은 집에서 새끼를 낳아 길렀으리라. 이 봄날에 어머니가 생전에 좋아하시던 참꽃나무에 둥지를 틀고 산소를 돌봤으리라. 자식은 한 해에

두서너 번 휙 다녀가고 나면 외롭게 지내다가, 봄이 오면 흐드러지게 핀 참꽃 구경도 하고 새집에 들러 놀다가도 가셨으리라. 아니, 산새는 외로운 우리 엄마 아버지 동무해 주려고 산소 곁에 둥지를 틀었을 것만 같았다.

오늘은 남산으로 꽃구경을 하러갔다. 참꽃, 개나리꽃, 벚꽃…들이 활짝 피어있는 남산 길은 꽃구경하는 사람들로 가득했다. 등산복을 갖춰 입고 단체로 온 사람들, 지팡이를 짚고 꽃길을 걷는 사람들, 휠체어를 타고 나온 사람들이 꽃길을 걷는다. 인기척에 놀란 산새가 포르르 허공을 나는 것도 모르는 채.

같이 온 사람들끼리 사진 찍으면서도 웃고 음료수를 마시면서도 웃는다. 사람도 웃고 꽃도 웃고 봄도 덩달아 웃는다. 꽃구경 나온 젊은 스님들도 꽃을 배경으로 사진 찍는 어깨가 들썩인다. 젊은 스님들은 꽃구경하다가 어렵게 외운 법문을 잊을 것만 같다. 늙수그레한 수녀님은 하늘을 보는지, 허공에 매달린 벚꽃을 보는지 위만 바라다본다. 수녀님은 두고 온 속가가 못내 그리운 것 같다. 그 옆을 시각장애인 부부가 지팡이를 앞세우고 벌어진 입을 다물지 못하고 지나간다. 봄 냄새를 맡으며 봄 길을 더듬듯 걸어간다.

꽃길을 걷다가 나도 허공에 매달린 벚꽃 가지에 셔터를

누른다. 허공에 꽃가지가 매달려있고 그 위로 구름이 누워있는 형상의 사진을 바라다본다. 절대적인 허공은 보지 못하고 상대적인 꽃만 예쁘다면서 셔터를 눌러댄다. 마음에 차지 않는다. 지우고 만다. 스냅 사진작가 앙리 카르티에 브레송은 "결정적인 순간을 찾아 평생을 헤매지만 지나간 모든 순간이 결정적 순간이었다."라고 말했다. 나도 기대해 본다. 헛손질하면서 셔터를 눌러대다 보면 결정적인 순간을 찍을지 어찌 알겠는가.

산새 한 마리 포르르 나른다. 지금쯤 부모님 산소에도 참꽃이 만발했겠다. 작년에 둥지를 틀었던 그 새가 올해도 새끼를 기르면서 어머니 아버지와 동무하며 지낼 것만 같은 봄날이다.

돌아오는 일요일엔 어머니가 좋아하시던 조기찌개 끓여가지고 가야겠다. 가서 꽃구경도 하고 사진도 찍으며 놀다 와야겠다.

이름으로 살아가기

이름은 의사소통을 위해서 붙인 것이다. 이름은 사람뿐만 아니라 모든 사물에 대한 호칭이기도 하다. 이름이 없으면 다른 사물과 구별하기도 어렵다. 그래서 이름이 붙여졌다. 내가 근무하던 직장에서는 같은 이름을 가진 직원이 3명이나 있었다. “이순자 씨!”라고 부르면 세 사람이 동시에 대답했다. 혼란스러웠다. 급여명세서를 작성할 때도 그랬다. 궁리 끝에 이름 앞에 “1번 이순자 2번 이순자”라고 쓰고 부르면서 혼란이 정리되었다.

지금은 이름을 숫자로 표기하는 시대다. 각종 서류를 작성할 때나 인터넷 사이트에 들어갈 때도 주민등록번호를 입력하여야 한다. 해외여행을 할 때도 여권번호가 필요하고 은행에서 입출금 할 때도 통장번호를 적어야 한다. 숫자는 또 다른 이름이다. 숫자는 중복되지도 않고 암호의 기능도 있어서 현대사회에서 널리 사용되고 있다.

내가 군에 복무한 지가 60년이 다 되었지만 지금도 군번을 외고 있다. 늘 군번이 새겨진 인식표를 목에 걸고 지냈기 때문일 것 같다. 속칭 '개목걸이'라고도 불리던 군번 줄은 군인이 사망하거나 부상당했을 때를 대비하여 인적 사항과 혈액형 등을 확인하는 표지다. 이처럼 군인은 군번이 이름인 것처럼 교도소에 수감 중인 수인은 수인번호가 또 다른 이름이다. 시인이며 독립운동가인 이육사李陸史는 일제 말기에 독립운동을 하다가 투옥되어 대구 형무소에서 수감 생활 중 수인번호였던 264를 아호로 썼다고 한다. 지금은 그의 이름보다 수인번호가 더 많이 불리고 있다. 숫자로 된 이름이 더 큰 울림을 주는 사례다.

현대에는 숫자의 장점을 이용한 마케팅 방식이 유행하고 있다. '할인가 990원' '3만 990원' '3000리 자전거' 등이다. 전화번호도 숫자마케팅 대상이다. 2424는 이삿짐센터로, 112, 114, 119 같은 긴급전화번호 서비스도 있다. 브랜드를 표현하는 상징적인 숫자로 성공한 사례다.

아라비아 숫자는 세계에서 가장 널리 사용하는 숫자 표현기호다. 국제단위계는 아라비아 숫자를 사용한다. 우

FUCK
FUCK THE POLICE
MAPE

리나라는 대한제국 시대에 근대교육과 함께 도입되었다. 앞에서 예시한 이순자는 여럿일 수 있지만, 이순자를 가리키는 숫자는 하나뿐이다. 숫자는 중복을 불허한다. 그러나 숫자는 과정을 생략하고 결과만을 나타내는 허점이 있다. 과정을 생략하고 결과만을 인정하기 때문에 숫자는 숫자로 머물 뿐이다.

우리나라는 70% 이상이 산으로 에워 쌓여있다. 그래서 쉽게 나무와 가까이 접할 수 있다. 나무는 잎을 만들 때를, 꽃을 피울 때를, 열매를 맺을 때를 잘 알고 때를 맞추며 살아간다. 나무는 때를 맞추기 위해서 한눈을 팔지 않고 집중한다. 나무는 과정을 생략하지 않는다. 그래서 꽃이 피기 전에 열매를 맺는 경우가 없다.

사람은 열매가 익기 전에 수확하려 하고 자식 기르기에 등한했던 사실을 외면한 채 자식 노릇 못한다고 탓한다. 꽃이 일찍 피고 늦게 핀다고 하지만 그 꽃은 그때가 필 때인 것처럼 사람 노릇도 정해진 때가 있는 것이 아니다. 이 모두가 살아가는 과정을 생략하고 결과만을 중시하기 때문에 발생하는 오해다. 과정보다 결과만을 중시하는 삶은 건강하지 못할 뿐만 아니라 결코 행복할 수도 없다.

우리는 이름 대신 숫자로 불리는 복잡한 시대에 살고 있다. 단순하지 않은 시대를 살면서 죽을 때까지 감춰야 할 것들이 있다. 성찰은 드러나지 말아야 할 것들을 감춰

주는 역할을 한다. 어둠이 없으면 빛도 없고 빛이 없으면 어둠도 없다. 어둠은 빛의 성찰이며 빛은 어둠을 위한 반성이다. 사람에게는 어둠과 밝음이 공존한다. 그래서 드러냄과 감춤을 조절하는 능력이 필요하다. 결코, 사람이 숫자로만 살아갈 수 없는 이유다. 태어나서부터 불리는 이름, 자신만의 이름으로 살아가야 하는 이유다.

나도 한때는 '할빠'였다

젊은이들 사이에는 신조어나 줄임말이 유행이다. 줄임말 중에 '할빠' '할마' 라는 말이 있다. 할빠는 '아빠 같은 할아버지'의 신조어요 '할마'는 '엄마 같은 할머니'의 신조어다. 이 말을 들으면서 문득 '같은'이란 말에 생각이 멈췄다. '같은'이란 말의 뜻을 찾아봤다. '같은'은 '같다'를 기본형으로 '같은' 꼴로 체언 뒤에 쓰여 그런 부류에 속한다는 뜻을 일컫는 말이라고 쓰여 있다. 시대가 만든 씁쓸한 신조어다.

통계청 발표에 의하면 유배우자 가구 수가 1,222만6천이라고 한다. 그중 맞벌이하는 가구 수는 반 가까이 된다.

맞벌이 가정의 절반이 자녀를 '할빠' '할마'가 돌보고 있다고 한다. 고령층 3명 중 1명은 자녀와 함께 살면서 손주를 돌보는 셈이다. 자식이 이혼 등으로 맡아 기르는 손주까지 합치면 훨씬 더 될 것 같다.

나도 막내아들네와 몇 년 동안 같이 산 적이 있다. 당시 손자가 5살. 유치원생이었다. 외출 중에도 녀석이 돌아올 시간이 되면 달려와 맞이하고, 옷 갈아입히고, 씻기고, 먹이고, 장난감 사주고, 놀아주는 것이 내 몫이었다. 이제는 내 손에서 벗어나 의젓한 청소년이 되었다. 손주 중에서 제일 손이 많이 간 녀석이라 그런지 늘 마음이 쓰이고 녀석도 할아버지를 살갑게 대해준다. 나도 한때는 '할빠'였다.

막내아들이 분가할 무렵 아내는 큰아들 집에서 손주들을 돌봐주기 시작했다. 나는 녀석들 학교생활을 돌봐주었고. 학부모가 학교에 가야 할 때는 내가 대신 갔다. 녀석들은 할아버지가 오는 것을 싫어했다. 때로는 가정통신문을 보여주지 않았다. 그래도 학교에 가서 내 손자 잘 봐 달라고 고개를 숙였다.

큰손자가 미술학원에 다닐 때는 수업이 끝나면 데려다주고 집에 오면 자정이 가까웠다. 힘들기는커녕 힘이 났다. 나의 작은 수고가 녀석에게 도움이 된다면 못 할 일이 없을 것 같았다. 자식 낳아 기를 때는 얼떨결에 지나간 것

같다. 실수투성이였고 시행착오가 다반사였다. 부족한 부모였다. 그러나 손주 녀석들에게는 그때의 실수를 거울삼고 있다. 대학생이 되어 스스로 제 길을 찾아가는 것을 보면 참 대견하다. 지금은 그저 할아버지로 살고 있지만 한때는 '할빠'였다.

아내가 녀석들을 돌보는지가 십여 년이 지났다. 손녀도 올해 대학생이 되었으니 제 앞가림할 때가 되었지 싶다. 어느 날 "할머니 이제는 가도 되겠지…" 라고 운을 떼었다. 그 말이 떨어지자마자 울며불며 펄펄 뛰더란다. 조손이 눈물을 한 바가지나 쏟았다고 한다. 할미를 엄마 대하듯 투정 부리고, 대들고, 어리광부리는 손녀다. 엄마 같은 '할마'다. 아니 엄마다. 그런데 간다고 하니 그렇게 되면 엄마를 두 번 보내는 셈이다. 하늘이 무너질 일이 아니겠는가. 아내는 날 보고 "좀 더 고생하세요"라고 한다. 어찌하겠는가.

문득 이런 생각이 든다. 손녀가 시집가서 아기 낳아 안겨줄 때까지는 오지 못할 거라고.

주말에 아내가 오면 이렇게 말해줘야겠다.

"나는 할아버지로 살 테니 당신은 '할마'로 살라고."

밑줄 긋는 남자

책을 읽다가 감동적이거나 참고가 될 만한 문장에 밑줄을 긋는다. 나중에 밑줄 그은 부분만 읽어보아도 그 책의 내용을 짐작할 수 있다. 그래서 밑줄을 그으며 책을 읽는다.

고등학교 국어 시간에 알퐁스 도데의〈마지막 수업〉을 배울 때, 선생님은 "일제 강점기에는 우리말로 수업을 못했었고 광복이 되어 우리말을 되찾았지만, 남북이 갈라져 전쟁도 했다. 우리 세대에는 이런 수모를 극복해야 한다."며 힘주어 읽으셨다. 그때부터 감동적인 문장에 밑줄을 긋기 시작했다.

40년 가까운 공직생활도 문서로 시작해서 문서로 끝났다. 출근하면 문서를 읽고 그 내용을 시행하는 것이 일과였다. 때로는 규정이나 지시문서를 하부기관에 보냈다. 공문서는 토씨 하나라도 자의적으로 해석하면 안 되었다. 그러다 보니 공직자들은 융통성이 없다는 소리를 듣는다. 사실 그랬다. 자의적으로 해석하면 귀책사유가 되었다. 공문서도 밑줄을 그으면서 읽고 요약본을 만들어 참고했다.

정년을 하고 글을 쓰기 시작하면서 책이나 신문을 읽을 때도 밑줄을 그었고 오려서 모아두기도 했다. 걷다가 순간 스치는 생각에 밑줄을 그었다. 연극이나 영화를 볼 때나 TV를 볼 때도 밑줄을 그었다. 요즘은 머릿속에 밑줄을 그으면 깜박하고 만다. 그래서 길을 가다가도 수첩이나 스마트 폰에 즉시 적는다. 학교에서나 직장에서나 퇴임한 뒤에도 밑줄을 그으며 살고 있다.

내가 글을 쓰는 이유도 언젠가는 그 밑줄을 그은 상념들과 만나고 싶기 때문인지도 모른다. 그래서 밑줄을 그은 생각들을 놓치지 않으려고 적고 또 적는다. 이런 조각들이 모여 한 편의 글이 되고, 그 글들은 나의 사상이 된다. 새로운 밑줄을 찾아 오늘도 수첩을 들고 길을 나선다.

그뿐인가. 이름에도 밑줄을 긋는다. 그 시대에 헌신한 이름에, 내가 좋아하는 예술가의 이름에. 조상들과 가족의 이름과 가깝게 지내는 분의 이름에도. 백 년 전에 쓴 책이지만, 지구 끝에 사는 사람이 쓴 책이지만 그 책에도 밑줄을 그으면서 읽고 또 읽는다.

때로는 지워도 지워지지 않는 이름이 있다. 생과 사를 달리했지만 내 마음 안에 살고 있는 이름이 있다. 차마 지우지 못하는 이름이 있다. 떨어져 살고 있지만, 사는 곳도 모르지만, 마음에 머무는 이름이다. 이는 내가 밑줄을 그은 사람이다. 어떤 일이 있더라도 당신에게 그어놓은 그 밑줄은 길게 이어갈 작정이다.

지금 어느 계절을 살고 있나요?

우리나라가 자랑할 것이 있다면 선명한 사계절을 가지고 있다는 것이다. 사계절을 가진 나라는 많겠지만 우리나라의 사계절은 특별하다고 생각한다. 우선 어디를 가도 산이 많고 바다는 말할 것도 없다. 산과 바다가 주는 원시성과 풍요로움은 어떤 변화무쌍함도 무색하게 한다. 이렇게 선명한 계절 속에서 살아온 터라 좀 변덕스럽지만, 한편 사는 맛이 다양한 장점이 있다.

나도 이런 환경에서 살다 보니 계절마다 마음 붙이고 사는 것이 한둘쯤 있다. 그래서 다가올 계절을 기다리며 살고 있다.

봄이 오면 내 마음을 사로잡는 것이 있다. 춥고 우울한 겨울 속에서 봄을 기다리다가 아직 겨울이 버티고 있는 2월이 오면 성북동에 있는 길상사를 찾는다. 양달에는 눈이 녹지만, 아직은 겨울인 길상사를 걷다 보면 담장에 노란 영춘화가 피어있다. 봄을 알리는 영춘화를 보러 겨울 같은 이른 봄날에 길상사를 간다. 나의 봄은 길상사의 영춘화로부터 시작된다.

여름이 오면, 한여름이 오면 내 마음을 사로잡는 것은 배롱나무다. 나에게는 사계절 중 여름나기가 제일 버겁다. 작열하는 태양이 부담스럽고 청춘을 만끽하면서 산으로 바다로 모두 떠난 도시에서 가을을 기다림은 고역이다. 그러나 여름에는 무성하게 익어가는 것이 있고 열심히 짙어지는 것도 있다. 그리고 여름이 한가운데쯤 오면 참다 참다 끝내는 붉게 피를 토하는 배롱나무가 있어 위로를 받는다. 한여름에 가까운 절을 찾고 덕수궁을 자주 드나드는 것은 붉게 타는 배롱나무를 보기 위해서다.

역시 가을이 오면 내 마음을 사로잡는 것은 과일나무다. 꽃피고 열매 맺고 자라게 하는 계절들 속에서 시고 떫고 쓴맛을 가을은 새콤하고 다디단 맛을 듬뿍 담아준다. 사람의 능력으로는 불가능한 그 맛의 정체는 무엇일까. 어느 가을날 다디단 감을 한입 베어 물면서 알았다. 그 맛의 정체는 겸손이란 것을, 자기를 가라앉히며, 줄기차게

기다려야 얻는 겸손인 것을. 그래서 가을이 오면 그 겸손을 배우러 들판을 쏘다닌다.

그러다 겨울이 오면 내 마음을 사로잡는 것은 동백이다. 자연도 잎을 떨어뜨리고 숨죽이는가 하면 산천도 얼어붙는다. 이 계절에 사람들은 안에서 지내며 마음은 밖을 향할 때 동백은 세 번이나 바뀌는 계절을 견디다가 한겨울에 붉은 꽃을 토해낸다. 그 동백을 만나러 남쪽에 있는 섬을 찾아간다.

그래서 나는 사오 년 전부터 분재원을 드나들면서, 영춘화와 배롱나무 그리고 감나무와 동백나무 분재를 베란다에 들여다 놓고, 물 주고 거름 주면서 자식처럼 보살피고 있다. 분재 기르기는 아기를 기르는 마음이어야 한다. 물을 조금만 부족하게 주면 말라 버리고 조금 많이 주면 뿌리가 썩고 만다. 꽃이 피면 제때 인공수정 해 줘야 열매 맺고, 태아처럼 정성을 쏟아야 맺은 열매가 익는다. 이렇게 식물이 좋아하는 환경을 찾아내 식물 스스로가 건강하게 살 수 있도록 해주고 있다. 덕분에 베란다에 있는 분재가 꽃을 피우고 열매를 맺으면 잎을 떨어드리는 것을 바라본다.

한 해에 네 번 바뀌는 계절뿐만 아니라, 사람에게도 저마다 인생의 계절이 찾아오고 떠난다. 지금이 나에게는 겨울인데 당신에게는 봄일 수도 있다. 나에게는 이렇게 사랑이 떠나가는데 당신에게는 사랑이 시작되는 중일 수도 있다. 그러니 당신은 "지금 어느 계절을 살고 있나요?"라고 묻는다면, 나는 이런 계절을 이렇게 살고 있다고 술술 자신 있게 대답할 수 있으면 참 좋겠다.

나에게 질문한다. "당신이 사는 지금은 어느 계절인가요?"

집으로

이른 아침부터 출근 준비로 부산하다. 출근하고 나면 집안은 조용해지지만, 지하철이나 버스가 부산해진다. 이들이 저녁때가 되면 집으로 돌아온다. 여행은 돌아오기 위해서 떠나는 것처럼, 집으로 돌아오기 위해서 집을 나선다.

이 땅에는 5천만여 명이 1천 8백만여 가구를 이루며 살고 있다. 이들이 아침이면 집을 나오고, 저녁이면 들어간다. 늦도록 일하다 보면 그 자리에서 눈 붙이고 싶은 마음을 뿌리치며 집으로 간다. 혼자 사는 사람은 더 그렇다. 기다리는 사람도 걱정하는 사람도 없는데 먼 길을 마다

하지 않고 집으로 간다. 1인 가구가 전체 가구 중 26%나 된다고 한다. 더구나 쪽방에서 혼자 사는 사람은 오히려 노인정이나 공공시설이 더 편할 듯도 하지만 그래도 집으로 간다. 집으로 가고 싶어도 집이 없는 사람이 서울에만도 십여만 명이나 된다. 노숙하는 그들도 저녁이면 늘 자던 자리로 간다. 그 자리가 집이다. 그 자리에서 눈을 붙인다. 집은 그 사람의 베이스캠프다.

그런가 하면 오랜 여행에 지친 사람도, 술에 취한 사람도 집으로 돌아간다. 만취하거나 판단능력을 잃어버려도 용케 집으로 돌아간다. 추석이나 세밑이면 민족 대이동이 시작된다. 3천여만 명이나 고향 집으로 간다. 고향 집으로 돌아가기 위해서 되돌아오는지도 모른다. 귀소본능이다.

동물도 마찬가지다. 부모님 산소 앞에 40년이 더 된 철쭉나무가 늦은 봄이면 꽃을 피운다. 몇 해 전 웃자란 가지를 정리하다가 새집을 발견하고 나뭇가지 자르기를 멈췄다. 지난해 여름에 성묘 갔다가 그 나뭇가지에 앉아있는 작은 새를 보았다. 그 새는 2대에 걸쳐 살면서 어머니 아버지 유택에 마실 다니며 사이좋게 지내고 있을 것만 같았다.

동물도 서식지나 둥지나 태어난 곳에서 멀리 떨어져 있어도 본래의 자리로 돌아온다고 한다. 영국의 조류학자

웨일스가 해안에서 새 다리에 띠를 맨 후 미국 보스턴에 가서 풀어주었다. 그 새는 12일 만에 4천9백 킬로미터를 날아서 본래의 자리로 돌아왔다고 한다. 이 또한 귀소본능이다. 사람도 동물도 본래의 자리로 돌아가기 위해서 존재하는지도 모른다.

도시 생활이 갈수록 힘들어진다. 전에는 조반 석 죽이면 족했는데 지금은 조금만 부지런하면 끼니를 거르는 일은 없는 것 같다. 의식이 풍족한 세상이다. 그렇지만 욕심을 채우기 위해서 하지 말아야 할 짓도 서슴없이 하다 보니 사람들이 거칠어진다. 인정도 메마르고 자연을 자연 그대로 두지 않는다. 그 결과로 지구촌은 재해에 시달리고 있다.

우리나라도 올여름에는 예년보다 비가 턱없이 적게 내려서 물이 부족한 실정이다. 충청지방에서는 제한급수를 시작했다는데 늦은 가을부터는 이틀에 한 번꼴로 비가 내리고 있다. 지구가 더워져서 그렇다고들 한다. 비정상이다.

자연이 보복을 하는 것 같아 두렵기만 하다. 그래서인가, 과학이 발달하고 산업화가 진행될수록 사람들도 자연이란 본래의 집으로 돌아가려고 한다. 자연은 사람들이 돌아갈 최후의 보루이기 때문이다. 자연 그대로의 흙냄새 산 냄새야말로, 도시에서 상처받고 메마른 마음마

저 보듬고 어루만지면서 순화시킬 수 있는, 어머니 품 같은 곳이다.

일본은 귀촌하는 사람들이 해마다 늘고 있다는 소식이다. 산에 있는 나무를 땔감으로 사용하고, 우물물을 먹고, 논농사를 짓고, 숲에서 주워온 나무로 밥을 짓고 채소를 길러 먹으면서 자연에 기대어 산다. 우리가 살아가는 데 돈도 필요하지만 물과 식량과 연료가 있으면 된다. 돈이 들지 않는 생활이다. NHK 히로시마 취재팀이 지은《숲에서 자본주의를 껴안다》라는 책은 시사하는 바가 크다.

우리나라도 지난해에 4만여 가구에 8만여 명이 귀촌했다. 생명의 근원이며 모태인 자연으로, 인간의 본향인 흙으로 돌아가는 발걸음이 늘어가고 있다는 통계다.

나는 돌아갈 농촌도 고향도 없다. 있다 해도 돌아가기엔 너무 늦었다. 그래도 돌아가고 싶다. 때문인지 오늘도 도시의 변두리를 걷고 또 걷는다. 흙냄새, 산 냄새, 물 냄새를 그리며.

때죽나무 꽃이 피면

오월이다. 창가의 때죽나무 분재가 하얀 꽃을 피웠다. 목련도, 장미도, 모란도… 허공을 향하여 도도하게 고개를 쳐들고 꽃을 피우지만, 때죽나무는 수줍은 듯 아래만 내려다보며 있는 듯 없는 듯 핀다. 자세히 보려면 나무 아래서 무릎을 꿇고 살짝 올려다보아야 한다. 처마 끝에 매달린 종 같기도 하고, 소복한 청상의 모습 같기도 하고, 부활절에 사제가 입은 제의 같기도 한 꽃이다. 꽃이 질 때까지 위를 한 번도 바라보지 않고 아래만 보면서 소임을 다하는 꽃이다.

어린 날, 학교를 다녀오다가 친구들과 냇가를 지날 때

면 책보를 풀어놓고 때죽나무 잎과 열매를 따다가 돌로 찧어서 개울가 웅덩이에 풀었다. 한참 기다리면 물고기가 떼 지어 허옇게 둥둥 떠다녔다. 떼로 죽는다고 해서 '떼죽나무'라고도 불렀다. 한참을 지켜보고 있으면 기절한 물고기는 꿈틀거리다가 재빠르게 물속으로 사라지곤 했다. 놀이가 없던 시절에 그 나무는 어린애들이 자연과 더불어 노는 방법과 생명을 귀히 여기는 법을 알려주었다.

지난겨울에 '아오모리' 여행을 마치고 돌아오는 공항에서 손전화가 울렸다.

"…외삼촌 어머니가 돌아가셨어요." 부모님은 오래전에 떠나셨고 5남매 중 아래로 남매만 남았는데 누님마저 떠났다는 기별이다. 비행기가 허공에 떠 있던 그 시간에 누님은 떠나갔다.

생명 같은 농토를 고모가 팔아서 유학을 떠난 사실을 뒤늦게 확인한 아버지는 몸져누우셨다. 그해 겨울을 넘기지 못하고 돌아가셨다. 그 당시 누님은 사범학교 2학년생이었다. 우리는 친척 집에서 더부살이하며 어려운 고비를 넘고 있었다. 누님은 선생님의 꿈을 접고 공장을 전전했다. 그리고 시집을 갔다. 서른셋에 청상이 된 뒤 삼 남매를 기르면서 어렵게 살았다. 가난의 대물림이었다. 청상이 된 뒤 늘 아래만 보고 청춘이면서도 청춘이 아닌 모진 세월을 살아야 했다. 때죽나무 꽃보다 더 아래를 보며.

말수가 적어졌다. 대화할 때도 상대의 눈과 마주치지 않았다. 대소사에도 참석하지 않았다. 고립이었다. 어머니한테는 목에 걸린 가시였다. 돌아가시면서 “네 누이를 돌봐줘라”는 유언을 남겼다.

세월은 흘렀다. 나이가 들자 몸 여기저기에서 신호를 보내왔다. 거동이 불편해지고 의사소통이 어려워지자 요양원으로 보내졌다. 어느 날 아내가 누님이 요양원 비용이 밀려서 강제퇴원 당할 지경이라는 소식을 듣고 해결해 드렸다고 한다. 그마저도 몇 달 되지 않았는데 세상을 떠났다는 기별이다. 아내는 박복한 분이라면서 눈시울을 붉힌다.

요즘은 부쩍 때죽나무 주위를 맴돌다가 떨어진 꽃을 대접에 띄워놓고 바라본다. 올봄은 이렇게 간다. 이 꽃이 다 지기 전에 누님이 계신 그곳을 다녀와야겠다.

DUNKIN' DONUTS

던킨도너츠 응암역점

집에 있는 날에는 동네를 걷는다. 일주일이면 반 정도는 그렇다. 서오릉이나 불광천 길을 자주 간다. 마음이 산란한 날이면 더 멀리 걷는다. 힘에 부치면 근처 찻집에 들러서 다리를 쉰다. 차도 마시고 창밖도 내다보고 책도 읽고 글도 쓴다. 이렇게 드나드는 집이 두세 군데가 있다. 그중에서도 불광천 입구에 있는 던킨도너츠 응암역점을 더 자주 드나든다.

그 집은 안에서도 밖을 내다볼 수 있고 밖에서도 안을 들여다볼 수 있는 통유리 집이다. 밖에서 안에 있는 사람을 볼 때면 그 사람의 속까지 보는듯해서 긴장할 때도 있

다. 창문 쪽으로는 2인용 탁자가 안쪽으로는 4인용 탁자가 배치되어있다. 나처럼 혼자 오는 사람도 눈치 보지 않고 오래 머물 수 있어서 안성맞춤이다. 게다가 주인의 마음 씀씀이가 넉넉해 보여 더욱더 편하다. 차도 넘치도록 눌러주고 콧물을 훌쩍거리면 물휴지도 준다. 그뿐만 아니다. 포인트를 꼬박꼬박 적립해 주고 특별행사가 있으면 알아서 적립해준다. 포인트를 모아 차 한 잔을 공짜로 마시는 기쁨보다 주인의 마음 씀씀이가 더 따뜻하게 전해지는 집이다.

이 집은 학생들과 어린이 손을 잡고 오는 엄마들과 젊은 편에 속하는 사람들이 주 고객이다. 나이 든 사람이 아메리카노 더운 것 한 잔을 놓고 한나절을 앉아 있는 것부터가 어울리지 않는다.

젊은 엄마가 네댓 살 되어 보이는 남매의 손을 잡고 들어온다. 도넛을 작은 아이 입에 넣어주며 꼭 껴안아 준다. 아이는 엄마 품에 둘러싸여 보이지 않을 정도다. 다음으로는 큰아이에게도. 엄마는 창문을 향해 앉아있기 때문에 볼 수는 없지만, 어깨가 흔들린다. 흐느끼는 것만 같다. 무슨 곡절이 있기에…. 읽기를 멈추고 허공을 바라본다. 그의 몸짓이 어릴 적 우리 엄마를 보는듯해서다.

1시쯤이면 젊은 엄마들이 아이들 수업이 끝날 때까지 기다리며 정보를 교환한다. 중앙에 있는 4인용 탁자 한두

개를 차지하고서 학원을 추천하고 선생님 평도 하고 다른 엄마를 인민재판 하기도 한다. 의견이 대립할 때면 고성으로 육탄전에 가깝도록 감정이 격해지기도 한다. 옆자리에서 눈총을 쏴대도 할 말 다 하고 감정이 정리되거나 아이들이 들어와야 사태가 수습된다. 기가 시퍼렇게 살아있는 요즘 여성들이다.

그들이 휘젓고 간 자리는 절간처럼 조용하다. 그도 잠시 엄마들이 유모차를 끌고 들어선다. 이들 또한 중앙에 있는 4인용 탁자를 점령한다. 두세 살부터 예닐곱 살까지 다양한 층의 아이들이 떼쓰고 음료수 쏟고 이리 뛰고 저리 뛴다. 공처럼 튄다. 통제 불능이다. 옆자리에서 "저러니까 요즘 식당에서는 '노키즈존(영유아의 입장을 금지하는 업소를 뜻함)' 스티커를 붙여놓지…" 라면서 혀를 찬다.

미국도 우리와 같이 활용하고 있다지만, 유럽에서는 오히려 '웰컴키즈존'을 설치해서 어린이들을 적극적으로 환영한다고 한다. 그러지 않아도 결혼을 미루고 결혼해도 아이 낳기를 꺼리고 낳아도 하나만 낳는 세상이다. 우리나라도 2025년이면 초 고령화 사회로 접어든다고 한다. 이런 환경에서 '노키즈존'이 일반화된다면 출산율에도 영향이 미치지 않을까 걱정이 된다.

그런 제도가 필요하다면, 아이들을 기다리면서 볼썽사나운 촌극을 벌리는 젊은 엄마들. 모이면 큰 소리로 떠들어대고 큰 소리로 전화하고 노인한테 자리 양보하지 않는다고 윽박지르는 어른들에게도 출입통제구역을 만들어야 하지 않겠는가.

이런저런 일들이 지나고 나면 노트북을 들고 와서 공부하는 사람. 입시생을 지도하는 가난한 대학생. 도넛을 먹으면서 손으로는 상대를 과감하게 자극하는 밀회 장소가 되기도 한다. 이런저런 소리를 귀담아듣기도 하고 귀 막기도 하고 보고도 못 본 척하고 있다가 슬며시 일어난다.

한나절을 머무는 집, 던킨도너츠 응암역점. 그 집은 바람이 부는 길을 걷다가 잠시 바람을 잠재우며 나를 충전하는 베이스캠프 같은 곳이다.

가을 햇살

10년을 넘게 글공부하는 동인들과 해마다 봄이 오고 가을이 오면 길을 떠난다. 올가을에는 전라선 무궁화호 열차를 타고 지리산 근처를 가고 있다. 열차는 쿨렁쿨렁 소리를 내며 한강 다리를 지나고 영등포역과 안양역을 지나 수원역에 정차한다. 보행이 자유롭지 못한 L 선생은 역무원의 부축을 받으며 환한 모습으로 차에 오른다.

봄부터 가을 여행을 계획했다. 장소는 어디로 하고, 비용이 저렴하면서 쾌적한 숙소를 정하고, 거동이 자유롭지 못한 분들에 대한 돌봄은 어떻게 하고, 거제도에 사는 지인에게 운전을 부탁하고, 교통편은 버스로 할 것인가 아니면 기차로 할 것인가…를 의론하여 하나하나 정해나갔다.

떠날 날짜가 가까워져 오자 지리산 근처를 수소문했다. 화엄사, 태안사, 칠불사와 산과 들과 숲길을. 그리고 인터넷에 들어가 목적지의 정보를 알아봤다. 가을의 절집과 절을 찾아가는 호젓하고 그윽한 풍경을, 처음 가보는 산간마을로 통하는 가을의 정취를, 그리고 입에 착착 달라붙는 맛깔 나는 남도 음식을 그려보며 행복해하기도 했다. 미리 가보는 가을 여행이다.

지리산 근처의 아침이다. 중부지방은 쾌청한데 남도에는 가을비가 내리고 있다. 우중에 화엄사를 찾아 나섰다. 절 입구 갈림길에서 왼쪽으로 들어섰다. 절은 지붕만 보이고 차는 산꼭대기를 향하고 있다. 길을 잘못 들은 것이다. 내친김에 그냥 내달렸다. 차창 밖은 아득한 낭떠러지. 나무들이 비탈에 서서 가을이 물든 잎사귀를 깊은 계곡으로 떨어뜨리고 있다. 암자가 보인다. 들어갔다. 미타암 스님은 물을 덥히고 손수 만든 차를 따르면서 인연에 관하여, 행복에 관하여 이야기를 한다. 잔이 비면 찻물을 채우면서. 담소는 이어가고 절 마당에는 낙숫물이 떨어지고 말소리와 낙숫물 소리가 아득히 퍼진다. 비에 젖는 암자는 적막강산이다.

태안사 가는 길이다. 시인 조태일이 걷던 길이다. 아버지가 태안사 주지 스님이었던 그는 3살에 아버지 손을 잡고 그 절을 떠났다. 외지를 전전했다. 여순사건, 한국전쟁, 4·19, 5·16, 5·18… 그에게는 고단한 시절이었다. 시집의 판매금지. 투옥. 이 나라의 역사도 시인의 삶도 어두웠다. 그리고 30년 뒤 고향 태안사 가는 길에 가을 햇살이 그를 폭신하게 싸안았다.

구름 사이로 햇살이 퍼지기 시작한다. 절 어구에 들어서자 가을 산천에 가득 퍼진다. 상쾌하다. 걷기로 했다. 보행이 불편한 두 분을 태우고 일주문을 향하여 서서히 움직이는 자동차 위로, 그 뒤를 따라 걷는 어깨 위로 가을 햇살이 퍼지고 있다. 나뭇잎 사이로 돌 틈 사이로 부드럽고 서늘한 햇살이 잎사귀를 물들이고, 열매를 익히고 또 떨어뜨리고 있다.

공양 간 뒤뜰에는 버섯과 산나물이 햇살에 물기를 말리고 있다. 땀을 흘려야 닿을 수 있다는 고지대에 있는 상한上汗마을 민박집 뜰에서도 호박과 나물을 말리고 있다. 지난여름에 들렀던 무의도 실미식당도 소쿠리를 벚나무에 매달아 놓고 물고기를 말리고 있었다. 소쿠리는 해풍에 흔들리고. 굴밥이나 매운탕을 주문하면 하늘에서 말린 고기를 구워 덤으로 주었다. 목포에서 배 타고 5시간 넘게 가야 닿을 수 있는 우의도 슈퍼민박집 주인도 물고기와 산나물을 마당에 널어 말리고 있었다. 달 밝은 밤이면

양지기를 들고 바닷가에 나간다. 달과 놀러 나온 게와 조개를 주어다가 찌개를 끓이고 국도 끓여서 밥상에 올린다. 가을 햇살은 한해를 갈무리한다.

고독의 시인 라이너 마리아 릴케는 '이틀만 더 남국의 햇볕을' 달라고 간절히 기도했다. 그래야 과실이 맛나게 익고, 단맛이 포도주 속에 스밀 수 있고, 집 없는 사람이 집을 지을 수 있으니 남국의 햇볕을 달라고 간절히 기도했다. 그래도 고독한 사람이 밤잠을 설치는 밤이면 책을 읽고 글을 쓰다가 긴 편지를 쓸 것이라고 말했다. 그렇다. 여름 햇살은 옷을 벗게 하고 가을 햇살은 옷을 입게 한다. 그리고 태안사 고양 간 뜰과 상한마을 민박집 마당과 실미식당 벚나무에 매달려 있는 나물과 고기가 덜 말랐는데 햇살은 차츰차츰 엷어지고 있다. 구름도 지나고 때로는 찬비도 내린다. 이런 가을날, 릴케의 시를 읽으며 산천을 걷는다.

구례역 대합실이다. 집으로 가는 길이다. 가방을 끌고 배낭을 메고 개찰구를 나선다. 멀리서 기적을 울리며 무궁화호 열차가 들어온다. 가을 햇살이, 남국의 햇살이 귀향 열차에 오르는 어깨 위로 흠뻑 내려앉는다.

박노문
최명자
김선임
이한영
서정호

바다의 시간은 자연의 변화에 따라 가다 서다 한다. 배는 소리를 지르며 안개 속을 천천히 가고 있다. 해무 기행이다. 배는 자신을 자연에 맡기고 나는 여객선에 맡기고 떠나는 해무 기행이다.

3부 · 뒷모습

기다림

계절이 바뀌는 것처럼 확실한 기다림도 있고 멀리 떠난 사람의 귀환이나 미래에 대한 기대처럼 불확실한 기다림도 있다.

사람들은 기다리며 살아간다. 뜨거운 여름이 오기를 기다려야 참외를 먹을 수 있고, 가을을 기다려야 발간 홍시도 먹을 수 있다. 그러나 요즘은 과일도 아무 때나 먹을 수 있다. 돈만 있으면 안 되는 것이 없는 기다림이 필요 없는 세상에 산다. 이런 세상을 살면서 시계가 가리키는 객관적인 시간을 기다림의 기준으로 삼게 되었다. 손 전화를 사용하면서 기다리는 시간도 빨라졌고 성질도 급해졌다. 잠시의 기다림도 기다리지 못한다.

편지도 당일 받기를 원하고, 민원서류는 신청 즉시 처리되어야 직성이 풀린다. 조금만 늦어도 불친절하다고 야단을 치거나 거래처를 바꾼다. 이렇게 삶의 현장에서는 기다림의 시간이 길고 짧음에 따라 서비스의 수준으로 평가한다. 아무리 소문난 맛집이라도 기다리는 시간이 길면 발길을 돌리기도 한다. 그러나 일상 안에서는 기다림만이 존재할 때가 더 많다.

프랑스의 극작가 사무엘 베케트(1906-1989)의 〈고도를 기다리며〉는 절망적인 세계에서 탈출구를 기다리는 두 주인공 에스트라 공과 블라디미르가 고도를 아무리 기다려도 오지 않는다. 기다리는 고도를 만나지 못하고 현실과 직면한다. 이들에게는 기다림만이 존재할 뿐이다. 기다려도 오지 않는 고도를 언제까지 기다려야 하는가? 그렇다. 인간은 살아있는 동안 고도를 기다릴 수밖에 없다. 기다림을 통해서 완성된 자신으로 발전될 수 있기 때문에다.

국립현대미술관 덕수궁 현대미술관에서 열리고 있는 〈이중섭 백년의 신화 전〉을 보러 가는 길이다.

이중섭(1916-1956)은 6·25전쟁 당시 원산에서 일본인 아내와 두 아들을 데리고 피난길에 올랐다. 피난 보따리 속에 붓과 팔레트를 챙겨 넣고 와서 그림을 그렸다.

iloom
저소음
MOVEMENT

일본 유학 시절에 만나 결혼한 일본인 아내와 두 아들과 부두노동을 하면서 어렵게 지냈지만 함께해서 행복했다. 함께 7년을 살았다. 아내는 아버지의 부음을 듣고 일본에 가서 돌아오지 못했다. 한일 간에 국교가 단절되어 왕래가 어려웠기 때문이었다. 그들의 결혼생활은 7년 만에 끝난 셈이다. 대한해협을 사이에 두고 끝없는 기다림이 시작되었다.

이중섭은 1953년에 어렵게 외항 선원 증을 구해 일본에 가서 가족을 만났으나 일주일 만에 돌아와야 했다. 와서는 사흘이 멀다고 편지를 주고받으면서 지냈다. 편지지 여백에 그림을 그려서 보냈다. 편지 한 장에 두 아들에게 안부를 전하면서 미안해했다. 곤궁한 삶이었다. 떨어져 지냈던 마지막 4년은 편지지에 그리움을 그렸다. 훗날 편지와 그림들이 책으로 만들어졌다. 결핍과 기다림에 대한 희망의 순간들이 '황소' 등의 걸작을 탄생시켰다. 간절한 기다림의 결과였다.

미친 듯이 그린 그림을 팔아서 돈을 모았다. 그러나 일본 방문은 번번이 좌절되고 말았다. 기다림을 술로 달래는 동안 그의 간은 딱딱하게 굳어 갔다. 결국, 1956년 서울 서대문적십자병원에서 홀로 죽음을 맞았다. 그의 나이 40살, 요절이었다. 가깝게 지내던 문인들이 마지막 가는 길을 배웅했다. 화장한 유골 일부는 망우리 공동묘지에 묻고 나머지는 절친했던 구상 시인이 일본으로 건너가 유족에게 전했다. 아내는 가족묘지에 안장하고 그리울 때면 찾는다고 한다.

이중섭의 아내 야마모토 마사코는 올해 96세. 〈이중섭 백 년의 신화 전〉을 기획하면서 기자가 도쿄 시부야의 낡은 연립주택에서 사는 그를 찾았다. 기자에게 7년의 결혼생활과 4년의 편지 왕래, 통틀어 11년의 기억으로 60년을 살고 있다면서 허공을 바라보는 그네의 눈이 흐려졌다. 그에게는 기다림, 기다림만이 존재할 뿐이다.

현대인들은 기다리는 것을 싫어한다. 기다릴 줄도 모른다. 그렇지만 오지 않는 고도를, 이미 떠나간 남편을 평생 기다려야 하는 우리네 일상에는 기다림만이 존재할 때가 더 많다.

덕수궁 미술관이 눈앞이다. 평생을 기다려야 했던 기다림을 만나러 서둘러 걷는다.

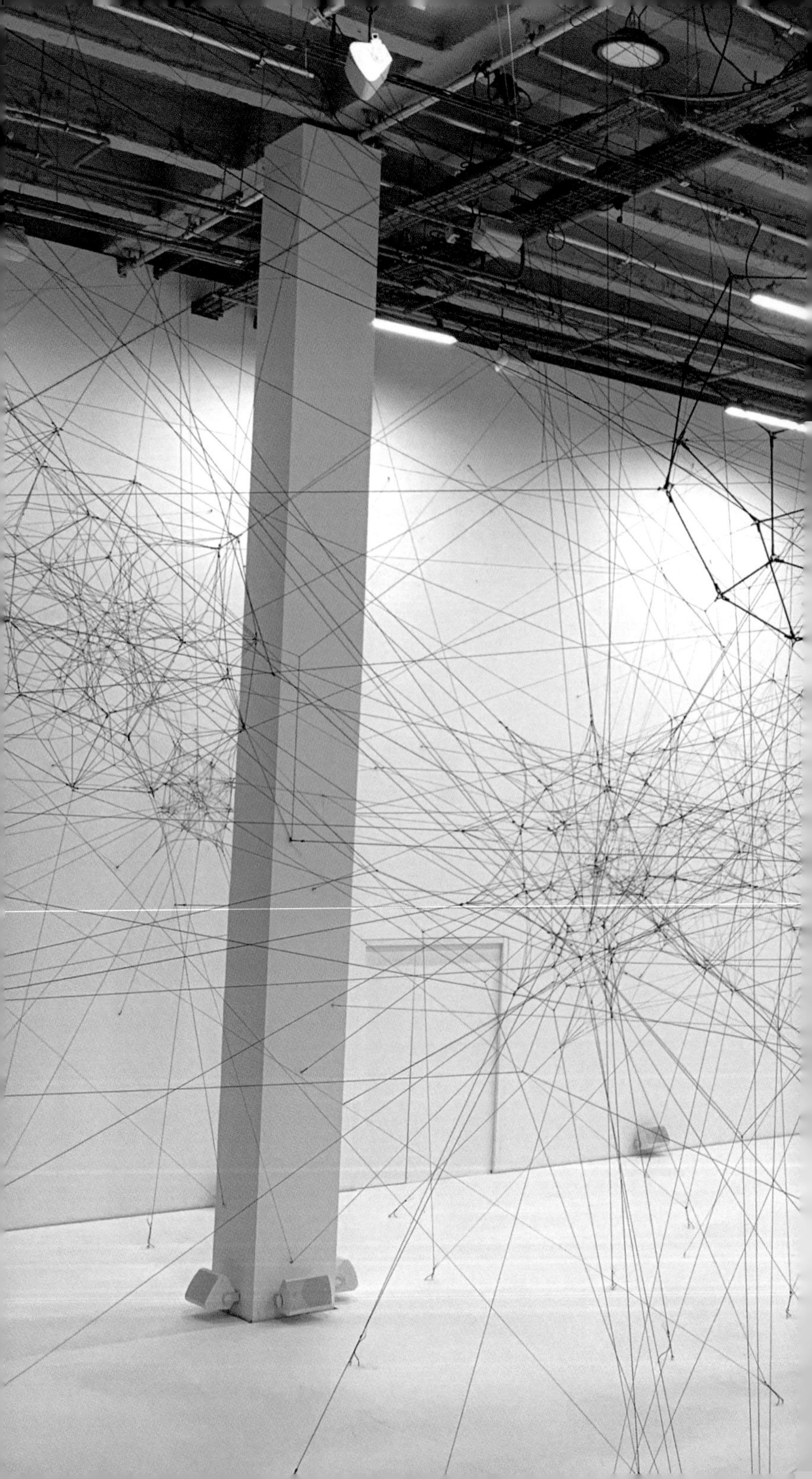

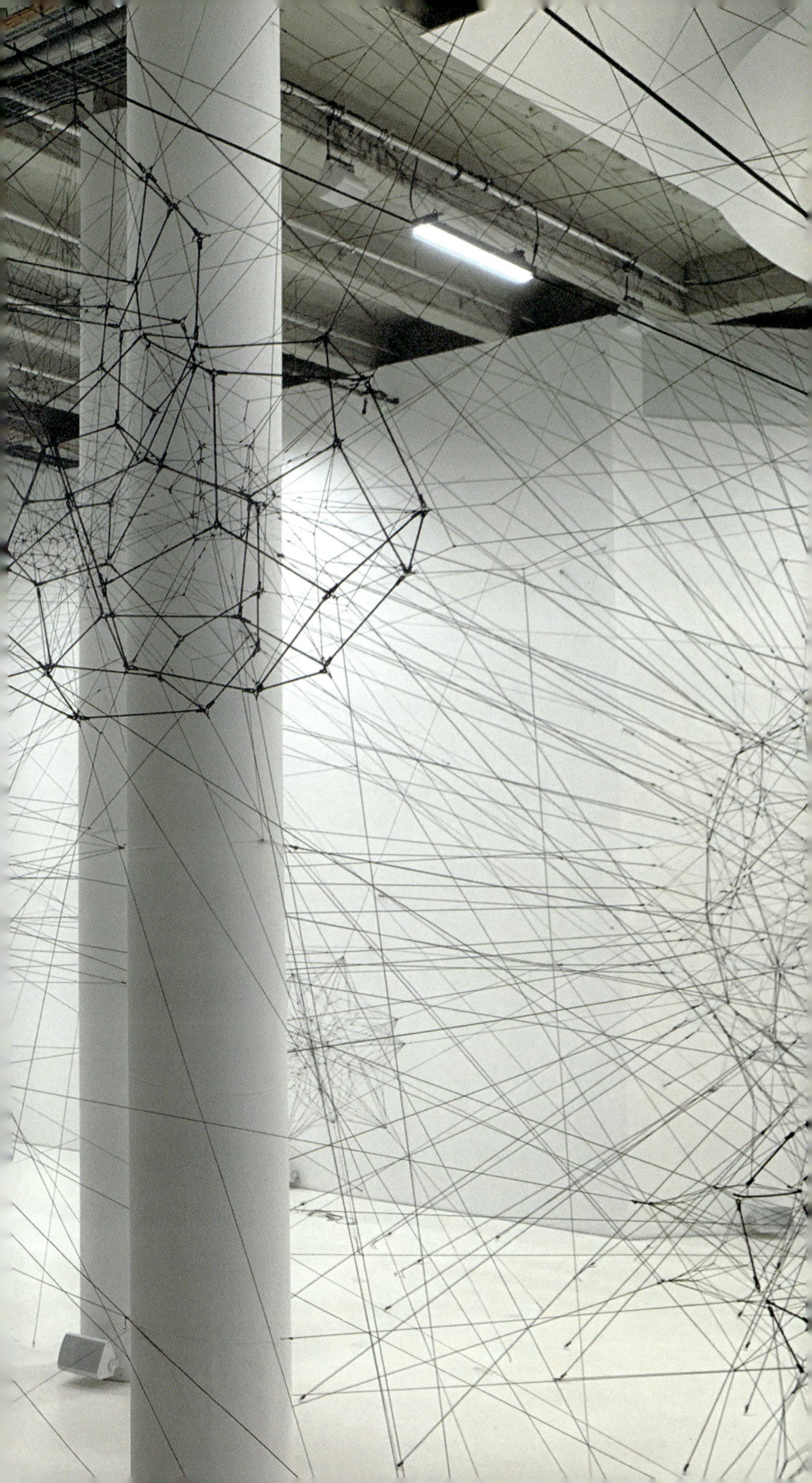

하루

홍시

십여 년 넘게 함께 글공부하는 안 선생 병문안을 갔다. 초겨울이라 날씨가 쌀쌀한 편이지만 오후는 햇살이 펴져서 등이 따뜻하다. 우리가 온다는 기별을 듣고 따님을 불러 손님 맞을 준비를 하셨다. 허리부상으로 거동이 불편한데도 정답게 맞이한다. 경황이 없는 중에도 글 쓰는 이야기를 하고 청탁받은 원고 쓰기가 여간 불편한 게 아니라면서 찡그린다. 순간 통증을 느끼는 것 같다. 자리에서 일어났다. 선물 받은 감을 몇 개씩 넣었다면서 검정 비닐

봉지를 쥐어 준다. 병문안 왔다가 감을 선물로 받았다.

항아리에 신문지를 깔고 넣었다. 그리고 까맣게 잊었다. 무릎 담요를 덮고 앉아 망울을 부풀리는 동백을 바라다보다가 문득 안 선생이 생각났다. 이어서 항아리에 있는 감도. 항아리 뚜껑을 열고 손을 디밀었다. 물컹한 것이 차갑게 느껴진다. 말랑말랑한 홍시를 하나 꺼내서는 찻숟가락으로 파먹었다. 단맛이 입안 가득 번진다. 소설〈감이 익을 무렵〉을 떠올리고 안 선생 안부를 궁금해 하면서 연신 파먹었다. 입안이 단물에 배어 무아지경이다.

감은 항아리 속에서 열흘 정도 지나면 폭 익는데 사람은 백 살을 먹어도 익기는커녕 철도 덜 든다. 덜 익은 사람이 폭 익은 홍시를 파먹는다. 단맛이 입안에 가득 찬다. 다디단 하루다.

기억의 길

인사동 길을 걷는다. 안국역 8번 출구로 나와 종로경찰서 담을 끼고 돌면 인사동 길이다. 미술관이나 상점들을 기웃거린다. 몸을 싸맸는데도 찬바람이 파고든다. 인공적 물건으로 뒤덮어버린 도시에서는 더운 바람이 불면 여름이고 차가운 바람이 불면 겨울이다. 계절의 변화를 감각

으로 느낀다. 지금은 깊은 겨울이다. 한겨울에도 사람들은 어깨를 부딪치며 인사동 길을 부산히 걷는다.

요즘은 혼자 밥 먹고 자고 책보고 글 쓰다가 걷는 게 내 일상이다. 근래는 시력이 더 나빠져서 책 읽는 시간이 30분을 넘기지 못한다. 읽다가 눈앞이 흐려지면 창밖을 바라보며 멍 때리다가 다시 읽는다. 읽는 속도가 전보다 배 정도는 느려졌다. 그래도 읽고 쓴다. 내가 보아도 성에 차지 않는 글이지만 이렇게라도 기록하지 않는다면 의미 없는 삶일 것 같아서다. 그러다 무료해지면 이 방 저 방 왔다 갔다 하다가 집을 나선다. 머릿속에 기억되어 있는 장소를 찾아간다.

오늘은 인사동 길을 걷기로 했다. 이 길을 자주 걷는 이유는 옛것이 있고 미술관이 많은 것도 빼놓을 수 없지만 나에게는 더욱 특별한 것이 있다. 수도 약국을 지나 사거리에서 우회전하면 오래된 건물이 보인다. 그 건물은 내가 공부하던 야간대학 건물이다. 1960년대 초에는 밤마다 오던 곳이다. 고등학교 시절에 같이 문학 활동을 하던 그네는 대학으로, 나는 공무원으로 길이 갈렸다. 직장생활 하는 나를 늘 안타까워하던 그네가 대학 2학년 때 내 손을 잡고 입학원서를 쓰게 하고 등록하도록 했다. 내가 야간 대학생이 된 것은 그네 덕분이었다.

인천에서 근무가 끝나고 서울행 기차를 타면 새로운 하

루가 시작되었다. 낮에는 공무원, 밤에는 대학생으로 신분이 바뀌는 것이다. 서울역에서 인사동까지 걸어와서 강의를 들었다. 그네는 도서관에서 기다리다 수업이 끝나면 서울역에서 잡은 손을 놓고 나누어져야 했다. 20여 분을 같이 걷기 위해서 그네는 네댓 시간을 기다렸다.

수업이 끝나면 시인 김용호 선생님과 학교 앞 낙원다방에서 차를 마셨다. 가끔은 그네도 자리를 같이했다. 그런가 하면 소설가 임옥인 선생님과도 이 다방에서 만났다. 선생님들은 글쓰기 기초를 일깨워주고 문학인의 기본을 행동으로 보여주셨다. 직접 서명해준 시집 『날개』와 소설집 『월남 전후』는 지금도 서가에 꽂혀있다. 선생님들은 오래 전에 타계하셨다. 자석처럼 붙어 다니던 그네는 생사조차 모른다.

부모님도 형님들도 누님들도 돌아가셨다. 속내를 털어놓고 지내던 친구마저 떠났다. 적막한 둘레에 찬바람이 파고든다. 사진작가는 바람을 찍는다. 화가는 바람을 그린다. 작가는 바람을 기록한다. 나는 50여 년 전에 불던 바람을 기억해내며 '바람이 가는 길'을 따라 걷는다.

그들과 수없이 걸었던 인사동 길을 50년 넘게 걷고 걷는다. 그렇게 걸으면 신발이 수십 켤레 해졌겠다. 기억도 닳기 마련이겠지만 갈수록 선명해진다. 그때를 기억해내며 그길을 걷는다. 또 하루가 간다.

겨울에는 섬에 간다

나는 겨울 바다를 좋아한다. 늘 푸른빛으로 출렁이는 겨울 바다를 좋아한다. 그 바다를 만나러 겨울에는 섬에 간다.

돈목선착장에서 신시모도 가는 배를 탔다. 신도항에 내렸다. 신도, 시도, 모도를 신시모도라고 부르는 이 섬은 다리를 놓아 섬 속의 육지를 만들었다. 요즘 섬과 섬을 잇는 다리는 휘황찬란하지만 여기 다리는 수수하다. 그래서 이 섬에 정이 간다.

텃밭에서 상추를 뜯어 쌈 싸 먹을 때면 풋 냄새가 입안에 번지듯 갯벌에서 캔 굴로 지은 굴밥에서는 겨울바람 냄새가 난다. 뜨거운 여름에 소녀 곁을 지날 때 풍겨오는 풋풋한 냄새가 굴밥에서도 난다. 청춘의 냄새가 빠져버린 지금 겨울 섬에서 굴밥을 먹으며 청춘을 되돌려본다.

겨울 섬은 파라솔도 접어놓고 식당도 민박집도 문을 닫게 한다. 문 닫고 숨죽인 섬에는 바람만 산다. 모도 포구는 갯벌이 바닷물을 밀어내고 속살을 드러내고 있다. 거대한 바닷물을 밀어내고 속살을 드러내는 갯벌의 위대한 힘과 솔직함을 만나러 겨울 바다를 찾는다. 바다도 갯벌의 소원을 들어주려고 겨울에도 얼지 않고 출렁이다가 슬며시 밀려나 준다. 상생이다. 바다는 하루에도 몇 번씩

물이 드나든다. 물이 저만치 빠진 갯벌에서는 굴이랑 조개랑 게들이 바지락 거리는 소리를 낸다. 원시적인 자연의 소리를 들으러 섬에 간다.

아무리 생각해도 사람의 능력으로는 불가능한 일을 바다는 해내고 있다. 사람들은 솔직하다느니, 드러낸다느니, 비운다느니, 상생한다느니… 라는 형이상학적인(?) 말만 해댈 뿐이다. 의연한 자연을 만나러 섬에 간다.

노을에 젖은 바다가 어둑해 진다. 또 하루가 간다. 하루 또 하루가 세월이 되어 흐른다.

뒷모습

K 선생과 굴업도에서 하룻밤을 묵은 적이 있다. 이른 아침이었다. 갈매기가 떠지어 나르며 울어대고 바닷물이 들락거리는 소리에 잠을 깼다. 맨발로 바닷가를 걸었다. 그때 카톡이 울었다. 열어봤다. K 선생이 나의 뒷모습을 찍어 보냈다. 맨발로 바닷가를 걷는 나의 뒷모습이 낯설다. 나는 나인데 나 같지 않다. 자신의 뒷모습을 직접 볼 수 있는 사람은 아무도 없다. 타인을 통해서만 확인할 뿐이다.

구부정하고 어깨가 한편으로 기운 나의 뒷모습을 보고 누군가는 나이 들었음을 쓸쓸함을 외로움을 차디참을 따

뜻함을 느낄 것 같다. 꾸미려야 꾸밀 수 없는 본래의 모습을, 타인의 시선에 완전히 노출된 뒷모습을 가졌다는 것, 내가 알지 못하고 어쩔 수도 없는 영역이 있다는 것에 두려움을 느끼고 때로는 위안을 얻기도 한다.

얼굴은 표정을 통해 수많은 감정을 전달한다. 미소를 짓거나 파안대소하거나 눈물을 흘리거나 얼굴을 붉히거나 하는 방식으로 감정이나 생각을 표현한다. 때로는 겉으로는 웃으면서도 속으로는 울고 있는 일그러진 표정과 마주할 때가 있다. 영화 '천의 얼굴을 가진 사나이'는 주인공 체이니가 한 영화에서도 여러 명으로 분장하여 다양한 역할을 맡을 수 있는 자신의 재능을 이용해 마침내는 슈퍼스타로 발돋움하게 된다는 내용이다. 체이니는 영화 속에서 천의 얼굴을 만들어 내지만 현대인들은 현실 속에서 천의 얼굴로 분장하며 살아간다.

'춘향전'에서 이몽룡이 성춘향이 보고 "뒤로 돌아서라, 뒤태를 보자"는 구절은 가꾸고 꾸민 앞모습보다는 스스로 볼 수 없는 뒷모습을 보고 평가하고 싶다는 말로 해석된다. 시대가 변하여 앞모습만 강조하다 보니 '강남미인'처럼 뜯어고쳐서라도 '아름답게' 보이려는 시대에 살고 있다. 그러나 가끔은 밋밋해 보이는 뒷모습이 더 많은 것을 말해주고 진정한 '나'를 보여 줄 때도 있다.

지하철 계단에서 끌어안고 있는 연인의 뒷모습은 그네

와의 기억들을 떠올리게 하고, 섬 시인 이생진 선생의 뒷모습에서는 파도 소리가 들린다. 함께 글 쓰고 읽고 평하던 문우가 입원한 병실 문을 열었을 때 돌아누운 뒷모습은 '울컥'이다. 순간 그가 내가 되어 내가 나를 보는 것 같다. 이런 문우가 하나둘 늘어갈 때면 가슴이 철렁한다. 아내는 주말이면 큰애네서 돌아와 밤늦도록 다듬고 썰고 끓이고 묻혀서 나의 일주일 치 반찬을 만든다. 그러다가 곤히 잠든 뒷모습을 보면 또 '울컥' 한다. 그의 역사가 나의 역사임을 그의 헌신으로 가정이 이어가고 있음을 깨우치게 된다.

이와같이 뒷모습은 어떤 말도 못 하지만 동시에 많은 말을 들려준다. 뒷모습은 거짓말을 못 한다. 권모술수를 부리지 못한다. 거짓말이 춤추고 속고 속이는 세상이지만, 인간이 그나마 정직하고 겸손할 수 있는 것은 뒷모습을 가졌기 때문이다.

가장 소중한 것은 공짜다

'삶에서 가장 소중한 것은 공짜다' 디자이너 가브리엘 코코 샤넬(1983~1971)이 한 말이다. 모든 상품에는 가격이 매겨져 있지만, 사랑과 우정과 가족에는 가격표가 없다. 지구상의 모든 생명체와 함께 마음껏 누리는 공기 또한 그렇다. 샤넬의 말처럼 가장 소중한 것은 공짜다.

중국발 고농도 미세먼지와 황사의 습격과 함께 국내에서 발생하는 미세먼지까지 합해져 대기 환경 예보를 체크하는 것이 일상으로 자리 잡았다. 마스크를 쓰고 다니는 사람이 부쩍 늘었지만, 눈도 따갑고 목도 칼칼하고, 미세먼지의 독성이 몸속으로 스며드는 것을 체감할 정도

Ketevan
Tsamebuli
st№3

다. 며칠 전에 서울시에서는 '미세먼지 비상저감조치'를 발령했다. 공공차량은 2부제로 운행하고 사업장은 조업을 단축하며 버스와 지하철은 무료로 운행한다는 등이다.

대기오염의 심각성을 느끼게 되면서 신선한 공기를 돈 주고 사는 일이 벌어지고 있다. 지난해에는 지리산의 청정공기를 캔에 포장하는 공장이 준공됐다. 해발 800m에 위치한 출입통제구역의 신선한 공기를 캔에 담아서 한 통에 1만5000원에 판매한다고 한다. 영국의 공기청정업체는 높은 산과 깊은 계곡 등을 찾아가 새벽공기를 모은 다음 유리병에 담아서 한 병에 80파운드(약 11만 원)에 판매한다고 한다. 대기 오염의 심각성을 느끼게 되면서 신선한 공기를 돈 주고 사는 일도 낯설지 않은 풍경이 되었다. 그런가 하면 마스크와 공기 정정기의 매출이 급증하고 있다. 가장 소중한 공기를 마구 쓰다 보니 돈 주고 사야하는 세상이 되었다. 자연으로부터 공짜로 받은 공기를 사먹는 날이 머지않은 듯싶다.

자신의 의지와는 무관하게 관계가 단절되고 소외되고 있으며 쓸쓸하고 괴롭다면 외로운 것이다. 외로움을 치유하는 방법으로 새로운 취미활동을 하거나, 자원봉사를 시작하거나, 친지에게 자신의 감정을 이야기하는 것도 한 가지 방법이다. 친구와 만나든지 전화로 소통할 것을 권하기도 한다. 외로움은 지극히 정상적인 감정으로 누구나 외로움을 느끼며 산다. 그런데 요즈음에는 외로움이 심해져서 우울증을 앓게 되고 정신과 치료를 받는 경우가 많다고 한다.

얼마 전 영국에서는 '외로움 담당 장관'을 신설하고 정책적으로 연계하기로 했다고 한다. 75세 이상 인구 중 절반이 혼자 산다. 외로움으로 고통받는 인구가 900만 명에 이른다는 현실을 받아들인 결과라고 한다. 한국도 10가구 중 1.5가구가 혼자 살고 있다. 동거하면서도 가족 사이에 소통이 단절되거나 단절당하는 경우를 합하면 영국 못지않은 사람들이 혼자 살면서 외로움에 고통받고 있는지도 모른다. 혼밥 혼술 등이 유행처럼 번지는 것을 보면 우리나라도 가까운 시일 내에 '외로움 담당 부서'가 신설될지도 모르겠다. 외로움 또한 공짜가 아닌 세상이 되었다.

자연으로부터 무상으로 받는 공기를 사 먹게 되는 그날, 맑은 공기가 아무나 누릴 수 없는 사치품이 될 때, 인류는 환경의 역습에 당황하게 될 것이다. 역설적이게도 가브리엘 코코 샤넬의 말처럼 삶에서 가장 소중한 공기는 물론 사랑도, 우정도, 가족도 공짜가 아닌 세상이 다가오는 것만 같아 두렵기만 하다.

삶에 없어서는 안 될 것에 가격을 붙이지 않는 이유가 바로 가격을 매기기가 힘들 만큼 귀한 가치를 지녔기 때문이다. 그래서 공짜라고 했다. 그런데 이 사실을 알게 될 때는 이미 늦은 것이 아닐까.

단답형短答形 시대

카카오톡으로 가족이나 가까이 지내는 분들과 문자를 주고받는다. 손주들과는 수시로 카톡방에서 만난다. 그룹 채팅과 1:1 채팅도 즐길 수 있고 외국에 있는 친지와도 이웃처럼 소통할 수 있다.

막냇손자 준석이는 초등학교 때부터 축구를 했다. 중학교 때는 전국대회에 나가 우승도 했다. 고등학교에 입학하자마자 합숙 훈련이 시작되었다. 선수 생활이 순조로웠다. 대표 선수가 되어 월드컵에 나가 결승 골을 넣는 것이 꿈이었다. 그러던 녀석이 어느 날 갑자기 '축구를 하지 않겠다.'는 문자를 어미에게 보냈다. 당황한 어미가 회답

을 망설이는 사이에 합숙소를 이탈하고 말았다. 대형 사고였다.

수소문 끝에 집으로 데리고 왔다. 나는 돌아온 녀석에게 격려의 말과 너의 의견을 존중하며 끝까지 응원한다는 긴 문자를 보냈다. 축구를 포기하게 된 사정과 앞으로 무엇을 목표로 하겠다는 내용의 답장을 기다렸다. 이어서 답장이 왔다. "네"라고. 단답형이다.

카카오톡에서는 주로 단답형 문자를 주고받는 사례가 많다. 여자 친구에게 제법 긴 문장을 보내도 답장은 "네" 또는 "아니요" "그런 것 같아요" 등으로 대꾸한다. 이는 실망스럽거나 흥미가 떨어지는 상태라고 한다. 한편 여자 친구의 문자를 받고도 "응" 또는 "그럴게" 등으로 대꾸하면, 업무에 지쳤거나 새로운 여자가 생긴 경우라고 한다.

우리의 교육이 객관식 위주로 시행되고 있다. 시험출제도 사지선다형이나 오지 선다형이 주를 이룬다. 주관식으로 출제하면 백번을 시도해야 한번 성공할까 말까인 문제를, 객관식 문제는 찍기만 해도 정답을 맞힐 확률이 25%라고 한다. 에디슨은 2천 번의 시행착오 끝에 전구를 발명했다. 적중률이 0.05%였던 셈이다. 25%에 익숙한 학생이 0.05%의 확률에 도전할 이유가 없지 않겠는가. 그래서 주입식 교육은 '문제 풀이 기계 만들기 식 주범이자 창의력 말살의 주범'이라고 말하기도 한다. 이러한 교육을 받은 사람들이 카카오톡에서 단답형을 사용하는 것은 우연한 일이 아니라고 본다.

줄임말이라 해서 다 그런 것은 아니다. 고은 시인은 '그 꽃'에서 "내려갈 때 보았네. 올라갈 때 보지 못한 그 꽃"이란 응축된 명문을 쓰지 않았던가. 괴테가 『젊은 베르테르의 슬픔』을 출간하자 당시 대학생들이 소설 속의 주인공인 베르테르의 복장을 하고 다니는 등 인기가 대단했다고 한다. 괴테는 어느 날 "?"라는 내용의 편지를 써서 출판사 사장에게 보냈다. 출판사 사장은 편지를 읽고 책이 얼마나 팔리는지 궁금해하는 것으로 판단하고 그 자리에서 "!"이라는 내용의 답장을 보냈다. 괴테는 편지를 읽으면서 소문처럼 책이 많이 팔리는 것을 알았다고 한다. 괴테와 출판사 사장이 주고받은 편지는 문자가 사용된 이래 가장 짧은 단답형 편지이기도 하다.

어찌 알겠는가. 준석이 녀석의 "네"라는 단답형 속에도 '10년 가까이 공을 차다 보니 그 길이 가야 할 길이 아님을 깨닫고 가보지 않은 자신만의 길을 가겠다.'는 깊은 뜻이 담겨있는지를.

해무海霧 기행

페이스북에 '1년 전 내 추억 보기' 창이 떴다. 굴업도를 다녀와서 '해무 기행'이라는 제목으로 짧은 글과 강병남 선생이 찍은 맨발로 바닷가를 걷는 내 뒷모습 사진을 곁들여서 발표했던 기억이 난다.

1년 전 여름이었다. 강병남 선생과 굴업도를 갔었다. 백령도 가는 배는 해무로 인해서 결항한다고 한다. 그렇다고 되돌아갈 수도 없었다. 덕적도 인근에서 굴업도 가는 배는 9시에 떠난다고 한다. 표를 샀다. 그러나 해무가 걷히지 않아 1시간 더 기다려 봐야 한다고 한다. 서해는 해무 세상이다.

6시부터 기다린 것이 10시 반에야 배를 탈 수 있었다. 바다의 시간은 자연의 변화에 따라 가다 서다 한다. 배는 소리를 지르며 안개 속을 천천히 가고 있다. 해무 기행이다. 배는 자신을 자연에 맡기고 나는 여객선에 맡기고 떠나는 해무 기행이다.

하룻밤을 같이 지내면서 많은 이야기를 했었다. 그는 설비 업을 하면서 글도 쓰고 사진도 찍으면서 열심히 살았다. 넉넉지 못한 형편에도 두 딸을 유학 보내고 뒷바라지에 최선을 다하고 있다. 손자 태석이 유학 보내는데 많은 정보와 편의를 제공한 고마운 사람이다. 그의 청소년 시절도 나 못지않게 굴곡졌었기에 더욱 마음을 주고 지냈다. 동병상련이었다.

1년 동안에 많은 변화가 있었다. 그중에 강병남 선생이 스쿠버다이빙'을 하다가 사고로 유명을 달리했다. 아직도 충격이 가라앉지 않았는데 페이스북에서는 남의 속도 모르고 1년 전 글을 올려놓고 소감을 쓰라고 한다.

몇 년 전 일이다. 이윤기 소설가가 갑자기 세상을 떠나고 유고집이 출판되었다. 그 유고집에는 따님인 이다희 번역가가 아버지를 추억하는 글이 실었다. ' … 10년 후에도 서점의 진열대에서 아버지 책을 볼 수 있다면 근사할 것이다. … 죽음은 죽는 순간에 이루어지는 것이 아니

라 잊히는 순간에 이루어진다는 것이 내 생각이다.'라는 내용의 글을. 그렇다. 강 선생은 갔지만 내가 그를 기억하는 한 내안에 살아있는 것이다. 그가 찍어준 사진을 보면서 굴업도를 추억한다.

여름이 다 갔는데도 내 마음의 서해바다는 해무에 덥혀 있다. 해무 기행이다.

이쪽도 저쪽도 아닌…

덕수궁에도 봄이 한창이다. 젊은이들은 벚꽃을 머리에 꽂고 사진을 찍으면서 까르르 웃는다. 꽃도 웃고 사람들도 웃는다. 봄은 살아있는 것들을 들썩이게 한다. 한 바퀴 돌아보고 미술관으로 갔다. 〈백년의 신화: 한국근대미술 거장 전 변월룡(1916~1990〉 작품이 전시 중이다. 변월룡? 생소한 이름이다. 그는 연해주에서 태어나 러시아 상트 페테르부르크(구 레닌그라드)에서 미술교육을 받고 그 곳에서 화가이자 교육자로 일생을 보낸 고려인이다. 그러니 낯설 수밖에.

'1800년대 조선은 국정이 혼란스러웠고 소수 양반세력

들이 토지를 독점하여 백성들은 조반석죽도 어려운 형편이었다. 남부여대하고 북방으로 먼 유랑의 길은 떠나 러시아로 흘러들었다. 까레이스키라고 불리는 고려인들은 연해주 인구의 20%에 이르렀다.' 2년 전 연해주를 여행하면서 쓴 졸작 '그 이름 불러본다, 까레이스키'의 일부이다. 그 무렵 변월룡의 부모도 유민이 되어 연해주에 흘러들었다.

그의 삶과 예술은 일제강점기를 거쳐 남북 분단, 6·25 전쟁과 이념대립 등 한국 근현대사를 거쳐 온 사람이다. 국권을 상실한 조선의 국경 밖 북방에서 보호받지 못하는 소수자로 태어났지만, 인간의 존엄을 믿으며 예술에 대한 열정에 살면서 자신이 고려인임을 잊을 수가 없었다. 의지와는 상반되는 삶이었지만, 분단된 조국, 이쪽도 저쪽도 아닌, 남쪽도 북쪽도 아닌 통일되었던 고려인으로 살았다. 세상을, 자신의 내면에 살고 있는 현실과 이상을 화폭에 그렸다. 지금도 연해주에는 정신적인 무국적자인 고려인이 50여만 명이 살고 있다.

변월룡은 1953년에 소련 문화성의 명령에 따라 북한에 파견되어 사회주의 리얼리즘을 전파했다. 15개월을 머무는 동안 월북한 근원 김용준, 이기영, 최승희 등과도 교류하면서 그들의 초상화를 그렸다. 난생처음 밟은 조국의 산천과 풍경도 소박한 주민들의 삶도 그렸다 그는 분단

이후 반쪽이 되어버린 한국 현대미술사에 연결고리가 되었다. 귀국 후 다시 북한으로 가기를 희망했으나 북한으로부터 입국을 거절당했다.

매년 연해주를 찾아 북한 땅을 바라보며 바람, 소나무, 돌 등을 그리며 향수를 달랬다. 러시아 국적으로 살면서도 고려인임을 잊지 않았다. 생전에는 밟아보지 못한 남쪽 땅, 월북 예술인들을 통해서 말로만 듣던 한국 땅에서 아드님과 따님이 아버지의 그림을 들고 낯선 서울에서, 아니 고려 땅에서 전시회를 열고 있다.

미술관을 나왔다. 마음도 몸도 무겁다. 미술관 뒤편 숲길을 지나 연못 앞에 있는 찻집에 들어갔다. 연못이 보이는 창가에 앉아 따뜻한 아메리카노 한 모금 넘기니 정신이 든다. 집에서처럼 편안하게 앉아 정신을 풀어놓으면서 찻물을 홀짝홀짝 넘겼다. 창밖으로 보이는 봄 풍경이 딴 세상 같다.

홍차 한 잔 더 시켜놓고 창밖에 와있는 봄꽃을 바라다본다. 꽃나무 그림자가 길어졌다. 시간이 꽤 지난 것 같다. 문을 열고 밖으로 나왔다. 휘익 봄바람이 분다. 품에 안기나 싶더니 스치듯 지나친다. 나의 봄날이 이렇게 또 간다.

BONANZA
BONANZA

나이롱환자

요즘 자동차를 운행하면서 크고 작은 고장으로 정비공장을 드나든다. 어느 날은 시동을 걸어도 차가 움직이지 않았다. 타이어가 펑크가 났다. 며칠 전 공사장 근방을 지날 때 못이 박힌 것 같다. 친지 방문을 마치고 골목에 둔 차를 타려는데 앞바퀴가 주저앉았다. 견인해서 정비공장에 갔다. 예리한 칼로 바퀴 옆구리를 찔러 타이어를 못 쓰게 만들었다고 한다. 짐작이지만 무단 주차한 벌칙 같았다. 이런저런 일이 있은 뒤로는 타이어 관리에 세심한 관심을 갖게 되었다.

무의식중에 목을 뒤로 젖히면 비명을 지를 만큼 아프다. 잠을 잘 자지 못해서 그렇겠지, 시간이 가면 낫겠지 하면서 차일피일 미룬 것이 1년이 지났다. 수시점검을 소홀히 한 탓이다. 어느 날 불쑥 대학병원 정형외과에 전화했다. 접수직원은 예약자가 많이 밀렸다면서 3주 뒤로 날짜를 잡아준다. 병원 대기실은 나이가 들어 보이는 환자들로 앉을 자리가 없다. 기웃거리다가 옆에 있는 다른 과 대기실 의자에 앉아 차례를 기다렸다. 예약 시간이 1시간이나 지나서야 내 이름을 부른다.

젊은 의사는 눈길도 주지 않고 내 말을 듣더니 엑스레이 검사를 하라고 한다. 거기 또한 만원이다. 나이 든 사람들의 관절이 심상치 않은 것 같다. 사진을 찍고 12시 반쯤 되어서야 차례가 왔다. 의사는 사진을 보면서 "혈관 협착과 관절염이 발견 되었다"면서 한 달 치약을 처방해 준다.

"증상이 심각한가요? 약물로 치료할 수 있는지요?"

나는 걱정스레 물었다.

그제야 흘깃 쳐다보면서

"약 먹고 경과 보지요"

"그럼 됩니까?"

"고령이시잖아요"

"…"

우리나라도 지난해부터 고령사회로 진입했다고 한다.

나는 80이 넘었으니 초고령자임에 틀림없다. 자동차 타이어도 수시로 공기압을 조정하고 오래된 타이어는 새것으로 바꿔줘야 하는데 초고령자가 목이 아픈데도 1년여를 뭉개다가 병원에 와서는 말이 많다. 수시정비 태만이다.

지난봄에 있었던 일이다.

10여 일이 지났는데도 감기가 낫지 않았다. 불길한 생각이 들었다. 몇 해 전에 같이 글 쓰던 최 선생이 감기가 폐렴으로 전이되어 허망하게 세상을 떠나 우리를 안타깝게 했었다. 특히 고령자에게 감기를 잘 다스려야 한다는 경종을 울렸다. 30여 년을 단골로 다니는 K 병원에 갔다. 의사를 만나자마자 "입원해야겠다."고 했다. 수시점검 태만으로 '고령자' 소리를 더는 듣고 싶지 않아서다.

환자복으로 갈아입고 침대에 누워 천정을 바라본다. 멀쩡한 것 같다. 군대에서는 꾀병 부리는 병사를 나이롱환자라고 한다. 사회에서는 나 같은 환자를 그렇게 부를지도 모른다. 나이롱환자면 어떻고 포플린 환자면 대수인가. 감기만 나으면 되지 않겠는가.

낡은 타이어는 새것으로 바꿔 끼면 되지만, 일회적인 생명은 바꿔 낄 수도 없다. 어쩌겠는가. 나이롱환자 소리를 듣더라도 수시 점검을 철저히 하면서 그날을 맞을 수밖에는.

오보와 돌무더기

몽골초원에는 수많은 길이 있었다. 실낱같은 길이 깊게 파인 웅덩이에 끊겼는가 하면 여러 갈래의 길이 하나로, 또 하나의 길이 여러 갈래의 길로 나뉘기도 했다. 이런 길을 보면서 '길은 원래는 없었다. 처음에는 풀벌레가 다니고 짐승이 다니다가 사람이 다니면서부터 길이 되었다'라는 생각이 스쳤다. 길이 교차하는 곳에는 돌무더기가 있고 긴 나무에 오색천이 바람에 날리고 있었다. 오보다. 대상이나 사람들은 오보를 돌면서 여정의 지표를 가늠하며 무탈함을 빌었다. 우리의 서낭당과 흡사한 오보는 초원의 이정표였다.

사오 십 년 전만 해도 산 중턱이나 동네 어귀에는 돌무더기가 쌓여있고 새끼줄과 오색천이 감겨있었다. 서낭당이다. 지나는 사람들은 마음에 드는 돌을 골라 돌무더기에 올려놓으며 여정의 무사하기를 빌었다. 길을 가다가 지나는 사람이나 인가에 들어가 물었다. 이를테면 그 고장 사람들이 이정표였다. 우리나라의 오보였다.

우리 사회가 현대화되면서 길은 물론 농로까지 포장되고 도로가 고속화되었다. 도로에는 규격화된 이정표와 신호등이 설치되고, 내비게이션을 장착한 자동차는 전용도로를 달리고 있다. 고속화도로를 벗어나 이정표가 없는 샛길을 달려도 사람을 발견할 수 없고 마트에 들러 길을 물어도 종업원은 외지사람 아니면 외국인 근로자다. 자연스럽게 길을 찾는 일이나 사람들의 만남은 이정표나 내비게이션 같은 시스템으로 대체되었다.

보행자나 운전자는 이정표나 내비게이션만 보고 가면 길을 잃을 염려는 거의 없어졌다. 오보를 좇아 가는 초원의 길이나 인근 사람들에게 물어물어 가는 옛길보다는 편리하고 과학적이다. 기계가 시키는 대로 가면 된다. 내가 언제쯤 도착할 수 있는지를 예측할 수도 있고 시간을 관리할 수도 있다. 효율적이다. 하지만 이런 길은 목적을 향하여 가기만 하면 되는 계산되고 제한된 길, 아니 선에 불과하다. 사색할 수도 대화할 수도 없는 길, 지름길이나 멋지게 휘돌아가는 또 다른 길의 가능성도 없는 효율적인 길만이 존재할 뿐이다.

사람도 그렇다. 태어나면서 죽는 날까지 길은 이미 정해져 있다. 태어나서 돌이 되기 전에 따로서야 하고, 걸어야 한다. 3살쯤 되면 외국어를 배워야 하고, 유치원을 다녀야 하고 초등학교에 가기 전에 학원을 먼저 가야 한다. 중학교는 물론 고등학교를 졸업할 때까지는 한눈팔지 말고 무조건 목표한 대학에 들어가야 한다.

대학을 졸업하면 대기업에 취직해서 아파트를 마련하고 자신과 걸맞은 짝을 찾아야 한다. 이렇게 내용별로 시기가 정해져 있는 이정표를 따라가기만 하면 된다. 이와 같은 이정표를 따라가지 못하면 낙오자가 된다. 아니 인생의 실패자가 되고 만다. 가끔은 현실을 외면하면서 꿈을 좇아 가기도 하지만 대개의 사람들은 이정표가 시키는 대로 평생을 간다.

삶은 촘촘하게 표준화되어있고 정해진 지표指標에 따라 수시로 평가된다. 경치 좋은 공원이나 산길을 걷기 보다는 러닝머신 위를 걸어야 한다. 공원을 걸을 때면 걷는 양은 가늠할 수 있지만, 칼로리 소비량은 기기의 도움 없이는 계산할 수가 없다. 그래서 러닝머신 위를 걸으며 목표량을 채운다. 이 또한 이정표의 요구사항이다. 그래야 성취감을 느낄 수 있게 된다. 산의 정상에서 아래를 바라보면서 느끼던 성취감은 어느새 지표로 대체되었다. 오로지 정해진 이정표에만 몰입해야 하는 생활을 살다 보면 설렘이 사라지고 두려움과 경쟁만 남는다. 긴장하면서 정해진 길을, 오보나 돌무더기의 여유로운 길이 아닌 곧은길만을 가야 한다.

근대사회는 사람을 신분제에서 해방시켰다. 자유로워졌다. 삶도 윤택해졌다. 하지만 더욱 많이 가지려고 경쟁하면서 인간의 본성을 잃어버리고 정해진 이정표만을 좇아 가야 한다.

그렇지만 그에게서 벗어나 자유로워지기를 소망하기도 한다. 천천히 살면서 하고 싶은 것을 다 해도 시간이 남아돌고 아무런 대책 없이 시간을 비워두고 빈둥대고 싶어 한다.

나도 남아도는 시간을 걷는 데 쓰고 있다. 그리운 사람, 보고 싶은 사람, 낯선 거리, 늘 다니는 거리, 멋진 풍경들로 나를 채웠다 비웠다 하면서 걷는다. 때로는 오보가 있는, 돌무더기가 있는 길을 찾아 나서기도 한다.

여행은 빈틈을 만드는 일이다. 빈틈을 만드는 일은 삶을 무엇인가로 채우는 일보다 중요하다. 어렵게 마련한 내 인생의 빈틈을 여행이라 부르고 싶다.

초고령자가 빈틈을 만들기 위해 메마르고 건조하고 바람 부는, 버려진 천년 제국 바간을 걷는다.

4부 · 비밀의 신화를 만나다

비밀의 신화를 만나다
-코카서스 3국 기행-

아시아와 유럽의 경계인 코카서스산맥에 위치하여 지리적으로는 아시아로 분류되지만, 문화, 종교, 역사적으로는 동유럽에 더 가까운 나라. 세계문화유산과 유적이 많은 조지아, 불의 나라 아제르바이잔, 순박한 아르메니아 사람들. 와인을 처음으로 상업화하고 세계에서 가장 먼저 기독교를 국교로 인정한 나라가 있는 그곳…. 아직 낯설고 교통편도 불편하여 접근하기 어렵지만, 그곳에는 비밀의 신화가 있을 것만 같아 지난해부터 벼르기만 하다가 이제야 떠나게 되었다.

터미널

코카서스 3국을 가기 위해서 인천국제공항 제1터미널에 도착했다. 모스크바 공항에서 아르메니아 수도인 예레반 가는 비행기를 바꿔 타야 하는 긴 여정이다. 아래층에서는 여행을 마치고 돌아오는 사람들로 붐볐다. 3층 출국장으로 갔다. 또한, 붐볐다. 공항은 만원이다.

의자 너머로 비행기가 질서 있게 앉아있다. 터보팬 엔진이 일으키는 열기 때문에 피어오른 아지랑이 사이로 비행을 시작할 순간을 기다리며 늘어선 비행기들이 햇살에 반짝인다. 내가 전혀 알아들을 수 없는 언어를 사용하는 나라, 내가 누구인지 아무도 모르는, 알려고도 하지 않는 나라로 떠나는 일이 얼마나 두렵고 설레는지 모른다. 목적지의 정보를 인터넷에서 찾아내고, 일기예보에 따라 옷을 고르고, 상비약을 챙기고, 일정 중 관심 있는 곳을 정해서 수집한 내용을 확인하다가 갈망 같은 갈증을 느낀다.

모스크바 공항 보안 구역에는 환승객들이 길게 줄을 서 있다. 왼쪽에 있는 검색대에서는 가방 내용물을 금속 탐지기로 검색한다. 인천공항에서와 똑같은 검사를 되풀이한다. 모든 사람을 항공기 폭파범 후보자로 지목하는 것

같다. 스캐너 앞에서 기다리다 보면 혹시 가방에 폭파 장치를 감추고 온 것은 아닌지 나에게 묻게 된다. 정신 분석학자 멜라니 클레인은 '이런 잠재적인 죄책감은 인간 본성에 본래 내재하는 부분이며 오이디푸스 적 살해 욕망'이라고 말했다. 보안 구역을 무사히 통과할 때면 고해성사한 뒤 성당을 나올 때와 같은 느낌이 들기도 했다. 즉 잠시나마 죄의 짐이 일부라도 덜어졌다는 해방감을 맛보며 탑승구 앞에 앉아있다.

20여 년 전 일이다. 독일 함부르크 공항에서 런던 가는 비행기를 바꿔 타야 했다. 내가 타야 할 카운터는 예상보다 멀리 있었다. 시계를 보며 달렸으나 시간이 늦었다며 탑승을 거절했다. 그러나 비행기는 아직 출발하지 않고 있었다. 창문으로 동체가 보였다. 사정해 봤지만 허사였다. 누구를 막론하고 출발 40분 여유를 두고 오지 않으면 안 되었다. 비행기가 눈앞에 있지만 다가갈 수 없다는 사실을 확인하게 되는 곳이 공항이다. 20여 년 전 실패를 되풀이하지 않기 위해서 2시간 전부터 탑승구 앞에서 진을 치고 앉아있다.

비행기를 탈 때면, 승천. 하늘에서 들리는 소리, 하늘을 나는 천사와 성자들에 관한 이야기가 떠오른다. 기차나 자동차 여행과는 달리 신성하고, 영원하고 의미심장한 마음이 된다. 안전수칙을 낭독하고 날씨를 알리며 곧 착

륙하겠다는 방송이 들려온다. 그때 창문 너머 허공에서 지구의 부드러운 곡선을 보면서, 승천과 하강의 선경에서 현실로 돌아오며 고막이 먹통이 된다.

예레반 공항 수화물 찾는 곳에서 가방을 끌고 도착 라운지에서 비행을 마무리한다. 17시간의 긴 비행이다. 위층 출발 라운지에서는 새로운 출발을 준비하고 아래층 도착 라운지에서는 새로운 시작을 준비하고 있다. 여행은 시작과 끝이 돌고 도는 레코드판 같다.

마지막 보루

조지아 수도인 트빌리시는 하늘도 건물도 사람도 맑아 보였다. 부모와 같이 걸어가는 어린이 표정 또한 맑았다. 카메라를 들이대니 'V'자를 그리며 웃어주었다. 맑은 웃음이다.

조지아는 7만여 km^2 면적에 370여만 명이 사는 작은 나라다. 북쪽으로는 러시아, 남쪽으로는 터키와 아르메니아 남동쪽으로는 아제르바이잔과 국경을 접하고 있다. 18세기부터 러시아의 지배를 받다가 1991년 구소련이 붕괴하면서 독립했다.

시내를 흐르는 므 트크바리강 언덕에 오른다. 메테히

교회에 가기 위해서다.

트빌리시 창건 신화가 전해져오는 메테히 교회는 생각보다 장엄하거나 웅장하지 않다. 켜켜이 다른 이미지를 보듬은 단아한 여인 같다. 로마제국 시기부터 구소련 시기까지 겪었던 트빌리시의 풍파가 구석구석 배어있다. 이슬람 국가들 사이에 낀 기독교 국가라는 지정학적 특수성 때문에 늘 희생양이었다. 마지막 순간까지 나라를 지킨 조지아 정교였다. 그래서인지 국민들은 조지아 정교, 조지아 언어, 조지아 와인을 자랑으로 여기고 있다.

우리 또한 예로부터 중국과 일본의 지배를 받으며 칭기즈칸의 말발굽이 제주까지 짓밟히는 수모를 겪었다. 백성들은 남부여대하고 연해주로, 일본으로, 미주로 뿔뿔이 흩어졌던 아린 역사가 있다. 조지아는 EU에 가입하려고 몸부림쳐도 러시아의 집요한 방해 공작으로 뜻을 이루지 못하고 있다. 우리 또한 남과 북이 분단된 채 미국과 중국의 눈치를 보면서 수모를 겪고 있지 않은가.

로마와 페르시아제국, 몽골과 티므르, 오스만튀르크제국 등 강대국들이 침입해 왔을 때 시민들은 마지막 순간을 교회와 성 위에서 맞았다. 피난을 가면서도 교회의 성물을 챙겨서 코카서스산맥 깊숙이 스며들었다.

나는 코카서스에서 발원하여 조지아를 거쳐 아제르바이잔에 있는 카시피해로 흘러드는 쿠라강을 거슬러 가고 있다. 조지아 국민들이 나라가 침략을 받았을 때 교회의 성물을 피신시켰던 성 삼위일체 교회를 가기 위해서다. 버스는 쿠라강을 따라 북쪽으로 달린다. 차가 덜컹거린다. 6천km를 달리면 바이칼 호수가 나오고 남쪽으로 1천 4백 km을 달리면 터키다. 말로만 듣던 실크로드다.

숲이 울창한 길을 벗어나 고원지대에 밀밭과 풀밭이 교차하여 펼쳐진다. 풀밭에는 들꽃이 만발했다. 차에서 내렸다. 꽃향기가 훅~ 코를 자극한다. 내 몸을 휘감은 보드라운 바람이 들꽃을 흔들어놓고 햇살에 부서진다. 지평선과 마주친 하늘은 투명하다. 이상향을 말하라면 주저 없이 여기라고 말하겠다.

차가 속력을 낸다. 풍광이 활동사진처럼 지나간다. 앞길을 누에 같은 생물이 고물고물 움직인다. 가까이 갔다. 양 떼가 길을 건너는 중이다. 자동차는 기다렸다. 길 건너 풀밭으로 지나간 뒤 차가 움직였다. 한참을 달린다. 엔진 소리가 더 크게 들린다. 고원지대를 오른다. 이번에는 소 떼들이 길 따라 이동 중이다. 또 기다렸다. 소 떼가 지나가고 차가 움직였다. 동물의 출몰에 따라 서고 움직였다. 동물들은 신호등이다.

차는 엔진소리를 크게 지르다가 해발 1천5백m 지점에서 멈췄다. 버스는 더 가지 못했다. 구소련제 지프로 바꿔 타고 산비탈을 올랐다. 상하좌우로 흔들어댄다. 곡예다. 막춤이다. 해발 2천3백m에 성 삼위일체 교회가 있다. 150여 km 되는 거리를 3시간 넘게 달려왔다. 외세의 침략을 받으면 성물을 보관하던 그 교회는 난공불락이었다. 성 삼위일체 교회는 '마지막 보루'였다.

62

세반호수 가는 길

세반 호수 가는 길 양편에는 어마어마한 야생화 군락지가 펼쳐진다. 차를 세운다. 꽃들이 벌판에 가득하다. 사진 찍고, 철퍼덕 앉아보고, 누어보고, 벌판을 쏘다녀도 본다.

유독 눈에 띄는 꽃이 있다. 찔레꽃이다. 길 군데군데 한 무더기씩 피어있다. 차가 지날 때면 흰 무명치맛자락이 바람에 날리듯 몸을 흔들어 댄다. 찔레는 꽃보다 향기가 더 좋다. 그 향기는 나를 흥분시키고 절정의 순간으로 몰고 간다. 이런 꽃이 코카서스 산맥 아래에 있는 아르메니아 벌판에 지천으로 피어있다.

소설가 김말봉(1901~1961)은 조선일보에 소설 '찔레꽃'을 연재(1937)하면서 "인생의 행복은 진실로 한 떨기 찔레꽃과 같다. 그 아프고 교만한 가지 위에 나부끼는 꽃! 그것은 언제나 수고와 피와 땀을 요구하고 있는 값비싼 약속이다"라고 말했다. 문정희 시인은 꿈결처럼/초록이 흐르는 이 계절에 / 그리운 가슴 가만히 열어 / 한그루 / 찔레로 서 있고 싶다 / 라고 했다.

세반 호수는 해발 1천9백m로 민물호수로는 세계에서 가장 높은 곳에 있다. 면적은 서울시 두 배가 더 된다. 바다 같은 호수다. 이호수를 배경으로 홀로 서 있는 수도원이 있다. 세반느반크 수도원이다. 원래는 호수에 떠 있는 고립된 곳으로 배를 타야 갈 수 있었다. 무의도에서 코앞에 있는 소무의도를 가려면 배를 탔던 것처럼. 몽골 러시아 아랍 등의 침략에 맞서 아르메니아인들의 피난처였으며 항쟁의 중심이었던 수도원이 소비에트연방 시절에 스탈린의 개발정책으로 세반호수의 수위가 낮아져 육지와 연결되었다.

흑해와 카스피해 사이, 동서양의 길목과 기독교 문명과 이슬람 문명의 충돌지역에 자리 잡고 있는 기구한 역사를 지닌 나라 아르메니아. 주변 강대국에 짓밟혀 1천6백년 동안 독립국을 이루지 못하였다. 그런 중에도 4세기경에 만든 문자와 고유한 언어를 지켜냈다. 기적이었다. 실크로드 당시에는 대상들의 공용어가 되기도 했다. 문자와 언어를 지켜낸 중심에는 종교와 수도원이 있었다.

수도원 입구에 있는 돌에 새긴 십자가는 레이스를 짠 것처럼 정교하게 새겨졌다. 아테나 여신보다 더 뛰어난 솜씨 같다. 상상을 초월한 섬세함과 아름다움이다. 화강암을 떡 주무르듯 하여 바위에 탑과 불상을 새겨 불국토를 건설하고자 했던 신라인들이 울고 갈 솜씨다. 화려하게 조각된 밖과는 달리 안은 십자가 앞에 제단이 있을 뿐 텅 비어있다. 신만이 다니는 길인 듯 지붕과 벽면 사이로 들어오는 빛과 간절함을 담은 촛불만이 일렁이는 숨 막힐 듯 경건하다. 나 같은 냉담자冷淡者도 두 손을 모으고

이 나라의 기구했던 운명을, 우리의 지난날을 되짚어본다. 찔레꽃 향기가 배여 있는 수도원 안에서.

국경

조지아에서 아제르바이잔으로 가는 국경검문소는 검문검색이 삼엄했다. 입국 심사를 받기 위해서 가방을 끌고 울퉁불퉁한 길을 200m를 걸어가야 했다. 뜨거운 햇볕이 퍼붓는 여름날의 강행군이다. 세관 직원이 내 가방을 열라고 한다. 구겨진 옷가지와 여기저기서 산 자잘한 기념품뿐인 가방을 뒤적이더니 아르메니아에서 산 코냑을 압수한다. 황당하다. 가이드는 아르메니아와 아제르바이잔이 국경분쟁으로 대립상태여서 그런 것 같다며 언짢아하지 말라고 한다.

우리나라가 여행을 자유화하면서 기회 있으면 비행기를 탔다. 서유럽을 여행할 때였다. 이탈리아, 스위스, 독일을 거쳐 파리에 도착할 때까지 여러 나라의 국경을 넘나들었지만, 검문은커녕 국경 표지판도 눈에 띄지 않았다. 도시에서 도시를 이동하듯 자유로운 것을 보고 나는 놀랐었다.

제2차 세계대전이 끝나면서 미·소 양국이 한반도 북위

38도 선을 경계로 남북으로 나누어 점령하면서 군사분계선이 생겼다. 그 선을 두고 남북이 대립하다가 급기야는 전쟁을 치렀다. 세월이 갈수록 더욱 공고해져서 그 선을, 국경을 넘는 것은 배신이요 죽음이었다. 국경은 생명의 선이요 사상의 선이었다.

'아하 무사히 건넛슬가
이한밤에 남편은
두만강을 탈업시 건넛슬가?

저리 국경 강안(江岸)을 경비하는
외투 쓴 거문 순사가
왓다갓다
오르명 내리명 분주히 하는데
발각도 안되고 무사히 건넛슬가?' (이하 생략)

파인 김동환(1901-?)의 '국경의 밤'

한밤중에 괴나리봇짐을 지고 국경을 넘어 중국으로 스며드는 남정네를 생각하는 아낙네의 간 조리는 순간을 느낄 수 있다. 지금은 살벌했던 국경이 다 사라지고 한반도만이 유일하게 존재하는 줄 알고 있는데 코카서스산맥 근처에서도 국경 넘기가 쉽지 않다.

얼마 전에 남북 수뇌가 판문점에서 만나 회담했을 때 평양을 잇는 고속도로와 유라시아횡단 철도 연결 문제를 합의했다고 한다. 부산에서 기차를 타고 북한을 거쳐 만주와 시베리아를 달려 유럽까지 갈 수 있는 날이 오겠다는 생각에 마음이 설렌다. 그렇다면 남북을 갈라놓은 사상의선, 국경은 유럽에서 보았던 상징적인 선으로 남을 날이 오지 않겠는가.

서울역에서 파리행 기차표를 사는 그날을 기대해본다.

금빛에 홀딱 빠졌다
-미얀마 기행-

여행자 보험

KE 471 대한항공 비행기는 활주로를 박차고 허공으로 떠오른다. 이륙이다. 한국 시각 18:15분, 인천공항을 이륙한 비행기는 22:10분이면 미얀마 양곤 공항에 도착한다. 나는 좌석번호 51H에 앉아 허공을 바라보며 깊은숨을 내쉰다.

길을 떠난다는 것은, 특히 외국으로 떠난다는 것은 말처럼 쉬운 일이 아니다. '훌쩍 떠난다.' 지만 '훌쩍'에는 절차와 조건들이 뒤따른다. 우선 여권에 이상이 없어야 하고 여행 중에 사고를 담보해주는 여행자보험 등에 가입해야 한다.

여행사 직원이 전화를 했다. "만 80세가 넘으신 분은 여행자보험에 가입할 수 없는데요"라고 한다. 고령자는 여행 중에 상해를 입어도 보험 혜택을 받을 수 없다는 뜻이다. 난감했다. '고령자는 상해보험대상에서 배제해 보험 사각지대에 살게 한다면 복지 차원뿐만 아니라 사회정의 차원에서도 문제가 있다'는 생각에 이르렀다. 몇 년 전에 아내가 외국 여행 중에 부상을 당했던 경험이 있어서 보험의 중요성을 잘 알고 있는 터다.

어느 사이 예까지 와서 여행도 마음대로 못하는 지경에 이르렀다. 숨을 가다듬었다. 이대로 멈출 수 없는 일이었다. 길, 길은 어디에나 있다는 확신을 가지고 전화를 돌렸다. 보험연합회에 문의 했다. 같은 답변이다. 금융감독원에 문의해도 역시 같은 답변이다. 더는 문의할 데가 없다. 궁리 끝에 담당 부서에 전화를 했다. 의외의 답변이 돌아왔다. 몇 년 전에 관련법이 개정되어 가입이 가능하다는 것이다. 초고령자가 여행하는 경우가 많지 않고 절차가 까다로워 가입을 꺼리는 것 같았다. 우여곡절 끝에 비행기에 앉아 어둠에 잠긴 양곤 공항에 착륙한다는 방송을 들으며 숨을 들이쉰다. 끝에서 다시 시작하는 여행도 나쁘지 않다는 생각이 들었다. 낯섦이 주는 긴장을 느낄 수 있는 여행은 별 다섯 개짜리 영화를 보는 것 같다.

버려진 천년 제국 바간

양곤에서 바간 가는 비행기를 탔다. 1시간 20분 거리. 서울서 제주도와 비슷한 거리다. 한반도의 3배가 되는 미얀마는 도로 사정이 여의치 않아 비행기를 이용하는 경우가 많다. 비행기는 생각보다 멀리 있었다. 십 여분을 걸어서 비행기에 탔다. 좌석이 지정되지 않아서 타는 순서대로 앉았다. 우리나라는 1955년도에 극장 좌석도 지정좌석제를 시행한 터라 신기하기도 하지만 어찌 보면 순서대로 앉다 보니 공정한 듯도 싶었다.

미얀마 중부 지역에 위치한 바간은 세계 최대 불교 유적지로 도시 전체가 불탑으로 둘러싸여 있다. 세계적 불가사의에 속하는 캄보디아의 앙코르와트와 인도네시아의 보로부두르 사원의 문화유적을 합쳐 놓은 규모와 같다고 한다. 천 년 전 미얀마 최대의 통일 왕조의 수도였던 바간을 여행하는 여행자는 금빛에 홀딱 빠지게 된다.

북쪽이어서 그런지 예상보다 공기는 선선하다. 상쾌하다. 천 년 전 전성기에 세워졌던 1만 개가 넘는 불탑은, 이집트의 피라미드 못지않은 매력을 지녔던 바간은 몽골이 침입해오면서 쇠락의 길을 걷다가 지진이나 풍화로 파괴된 불탑이 지금은 2천여 개가 남아있다. 메마르고 거친 벌판은 금빛으로 눈부시다. 마르코폴로는 '종소리가 울려 넘치고 승려 복 깃이 스치는 소리가 곳곳에서 들리는 도시'라고 부르지 않았던가?

허허벌판에 잡초 무성한 사이사이에 황금빛 불탑이 서 있고 사이사이로 황톳길이 나 있다. 아내와 마차를 타고 뜨거운 평원을 천천히 달렸다. 작은 언덕 사원터에 올랐다. 국토를 가로지르는 이라와디강이 흐르고 그 너머 더 멀리 거칠고 메마른 산맥이 눈에 들어온다. 거칠고 메마른 평야에 수백, 수천의 크고 작은 불탑들이 비슷한 모습으로 펼쳐진다. 탑들은 궁극적으로 종 모양으로 진화해 나갔다고 한다. 전문가들은 바간의 탑들은 '획일성과 다양성의 조화'라고 평한다. 저마다 개성 있는 모습을 가지고 있으면서도 일정한 형태를 보이고 있다는 뜻이리라. 일망무제로 펼쳐지는 평원 너머를 넋을 놓고 바라본다.

천년 세월의 풍상을 견디게 한 건축의 비밀은 무엇일까? 탑을 촘촘히 들여다본다. 버려진 천 년 제국을 상상하니 경주의 황성옛터를 보는 것 같아 비감한 마음이 스친다. 마부가 속도를 내면 나는 고삐를 당겨 속도를 늦추며 황토 먼지가 자욱한 길을 달린다. 아내의 손을 꼭 잡았다. 불행한 사고를 예방하기 위해서다. 길을 건널 때도 좌우를 살피고 걸을 때도 발을 번쩍번쩍 들면서 걷기로 했다. 모일 때도 일찍 나오기로 했다. 나라에서도 초고령자의 해외여행을 못마땅해하지 않던가? 엎친 데 덮친 격으

로 부상을 당하면 어찌하겠는가.

여행은 빈틈을 만드는 일이다. 빈틈을 만드는 일은 삶을 무엇인가로 채우는 일보다 중요하다. 어렵게 마련한 내 인생의 빈틈을 여행이라 부르고 싶다. 초고령자가 빈틈을 만들기 위해 메마르고 건조하고 바람 부는, 버려진 천년 제국 바간을 걷는다.

이 밤이 지나면 그렇게 그리던 헤호와 인레호수로 간다. 이 밤을 뜬눈으로 새우고 싶다.

일생을 배와 함께 사는 사람들

여행의 매력은 익숙한 풍경과 잠시 떨어져 낯섦과 만나는 일이다. 그것은 너무나 자극적이기도 하다. 그 낯섦을 온몸으로 느끼고자 일생을 배와 함께 사는 사람들을 만나러 간다.

원시적인 자연환경과 문명에 물들지 않은 소수민족이 사는 곳. 태어나면서부터 배와 함께 생활하며 물 위에서 먹고 자고 농사짓고 물건을 만들어 팔면서 사는 사람들. 외발로 노를 저어가며 물고기를 잡는 어부들. 물보라를 일으키며 물건을 나르는 배들. 빼어난 경관과 흥미로운

CLEAN MINGUN

생활 속으로 들어간다.

푸른 산과 숲이 길게 둘러싸고 호수가 햇살 아래 창연히 빛을 발하는 인레호수다. 이 호수의 주인은 인타족이다. '호수의 아들'이란 뜻을 가진 이들은 곡예 하듯 왼발로 노를 저으며 고기잡이를 업으로 살아간다. 호수와 왼발로 노 젓는 풍경도 인상적이지만 삶의 방식이 호기심을 자극한다. 세상은 정신없이 변하는데 이들은 천년이 넘도록 물 위에서 살고 있다.

미얀마에는 135개의 소수민족이 살고 있다. 그중에도 버다웅족이 눈길을 끈다. 5~6살이 되면 목과 팔다리에 황동 고리를 두른다. 자랄수록 목만 길어진다. 기형적이다. 그렇지만 사슴처럼 긴 목을 아름다움의 척도로 여기면서 사는 사람들이다. 이 고리를 빼면 목을 다치기 때문에 늘 칭칭 두르고 산다. 손을 위로 뻗을 수도 마음대로 움직일 수도 없다. 결박된(?) 채로 평생을 살아야 한다. 옷감을 짜다가 관광객과 사진을 찍어주고 1달러를 쥐여주면 두 손을 모아 합장한다. 나도 눈을 감고 합장으로 답례한다. 다른 방법으로 서로의 마음이 닿을 수가 없다. 플래시에 반사된 금빛 황동 고리가 슬프도록 눈부시다.

바다 같은 호수 한가운데 팡도 파고다가 있다. 이곳은 미얀마인들의 불심을 확인할 수 있는 곳이다. 다양한 부족이 살고있는 곳에 불심이 큰 몫을 하는 것 같다. 물 위

Inle Lake
Paradise Inle Resort
Golden Island Cottages 2

Win Yadanar
9 Year old 13 ring 4 kg
17 Year old 14
20 Year old 24 or 25
8 kg - 10

에 사는 이들에게 파고다 참배는 평생소원으로 여긴다. 처음 모셔온 부처님들은 원래는 손바닥만 한 크기였는데 참배객들이 금박을 보시하면서 지금은 형체를 알기 힘든 둥근 모습으로 변했다. 불경스러운 표현 같지만, 불상이 아니라 금덩어리를 뭉쳐놓은 형상이다.

깊고 푸른 잔잔한 호수를 떠다니며 외발로 노를 젓는 게 한유해 보이는 어부들. 그리고 다양한 소수민족들이 조화롭게 어울리는 모습 속에서 진정 아름다움의 원형을 발견하게 된다. 전류처럼 감동이 흐른다. 고령자는 여행자보험이 안 된다는 수모(?)를 겪으면서도 이런 순간을 위해서 여기까지 왔나 보다.

이런 기분. 이번 여행의 최고 수확일 것 같다. 안을 통해서 밖을 보는 시간이다. 또는 밖을 통해서 안을 바라보는 시간과의 만남이다. 이런 것들을 가능하게 만드는 것은 걸을 수 있기 때문이다. 그래서 걷고 또 걷는 것이다.

아슬아슬하게 걸린 황금바위

-짜익티오 가는 길-

양곤에서 3시간이 걸렸다. 황금 바위가 있는 짜익티오를 가기 위해서 트럭을 개조한 트럭버스로 갈아탔다. 철로 만든 긴 의자에 앉아 출발을 기다린다. 빈자리가 차야 떠나는 버스다. 구불구불한 산길을 오른다. 사람들이 이리저리 쏠려도 차는 같은 속도를 낸다. 웃으면서 손아귀에 힘주어 버틴다. 이렇게 30여 분을 달려 산꼭대기에 도착했다. 길 양쪽으로 긴 행렬이 산을 오른다. 참배객들이다. 그들은 오체투지하듯 오른다.

구름이 안개처럼 몰려들고 사람들은 맨발로 황금 바위 쪽으로 몰려든다. 빗방울이 떨어지더니 순식간에 폭우가 쏟아진다. 금세 또 언제 그랬느냐는 듯 파란 하늘이다. 변화무쌍하다. 햇살이 퍼지는 순간 황금 바위가 천지를 붉게 물들인다. 사람들은 파란 하늘을 배경으로 찬란하게 빛나는 거대한 바위 곁을 떠날 줄 모른다. 이 바위가 모두를 불러모았다. 구름과 햇살과 새들까지도.

낭떠러지에 비스듬히 걸쳐진 바위를 미얀마 사람들은 불가사의라고 믿는다. 중력의 법칙에 의하면 떨어져야 마땅하나 신령스러운 기운이 붙어있어서 굴러떨어지지 않는다고 믿는다. 밤낮없이 순례자들은 금박을 붙이면서 두 손을 모은다. 황금 바위는 점점 커진다. 간절한 마음으로 금을 붙이는 자세는 흔들림이 없다. 이런 풍경을 무어라 설명할 길이 없다.

또 구름이 몰려온다. 순식간에 구름이 지나간 자리에

햇살이 퍼진다. 햇살이 거대한 황금 바위를 비춘다. 천지가 황금빛이다. 나는 금빛에 홀딱 빠진다. 어지럽다. 나무아미타불.